喂，在吗？

给孩子的人类信息传递史

【波兰】莉莉安娜·法比辛斯卡—著

毕 巍—译

重庆出版集团 重庆出版社

Published in its Original Edition with the title
Halo! Historia komunikowania się,
text by Liliana Fabisińska and illustrations by Anita Graboś
copyright © Wydawnictwo "Nasza Księgarnia", Warszawa 2020
This edition arranged by Himmer Winco
© for the Chinese edition: Beijing Qianqiu Zhiye Publishing Co., Ltd.
本书中文简体字版©2023年，由重庆出版社出版。

Himmer Winco

本书中文简体字版由北京永固兴砝文化传媒有限公司独家授予北京千秋智业图书发行有限公司与重庆出版社。

版贸核渝字（2023）第146号

图书在版编目（CIP）数据

喂，在吗？：给孩子的人类信息传递史 / (波) 莉莉安娜·法比辛斯卡著；毕巍译. — 重庆：重庆出版社, 2024.1
书名原文: HALO! Historia Komunikowania Si?
ISBN 978-7-229-18175-8

Ⅰ. ①喂… Ⅱ. ①莉… ②毕… Ⅲ. ①信息传递—儿童读物 Ⅳ. ①G206-49

中国国家版本馆CIP数据核字（2023）第219754号

喂，在吗？ ——给孩子的人类信息传递史
WEI ZAI MA GEI HAIZI DE RENLEI XINXI CHUANDI SHI
［波兰］莉莉安娜·法比辛斯卡 著 毕巍 译

出　　品：华章同人
出版监制：徐宪江　秦　琥
责任编辑：肖　雪
特约编辑：齐　蕾
营销编辑：史青苗　刘晓艳
责任校对：李　敏
责任印制：梁善池
封面设计：乐　翁　QQ:954416926

重庆出版集团
重庆出版社　出版
（重庆市南岸区南滨路162号1幢）

北京博海升彩色印刷有限公司　印刷
重庆出版集团图书发行有限公司　发行
邮购电话：010-85869375
全国新华书店经销

开本：710mm×1000mm　1/16　印张：13　字数：166千
2024年1月第1版　2024年1月第1次印刷
定价：88.00元

如有印装质量问题，请致电023-61520678

序言

信息传递的历史如同人类历史一样悠久而漫长。即便是原始人，也必须互相交流，例如，选择居住什么样的洞穴，如何分工合作捕猎大象并分割。原始人也会想表达自己的情感：悲伤，快乐，他喜欢谁，乃至他爱谁。但最初这些情感不是用嘴说出来的，而是以非语言的形式——手势来表达，后来慢慢地他们可以拿起棍子，通过在沙子上画画的方式来表达。当然，他们也会发出一些声音，但这些声音并不足以形成一个个单词，但你能够听出来其中蕴含的快乐、悲伤或恐惧。真正的语言出现得要稍晚一些。当他们开始能够说话时，又有了将这些话书写记录下来的想法。最初这些话语并不是写在纸上，而是雕刻在石头上的特殊符号。

但总会有这样的情况：当想要向另一个人传递重要信息时，他往往并不在你身边。正如那句古老的谚语所云：需求是发明之母。为了能将消息传递到相邻的村庄，传递到河的对岸，甚至更远的地方，人们开始寻找各种各样的方法。但更难的是，信息接收者不仅要能够看到这些信息，还应能准确地破译其中隐含的

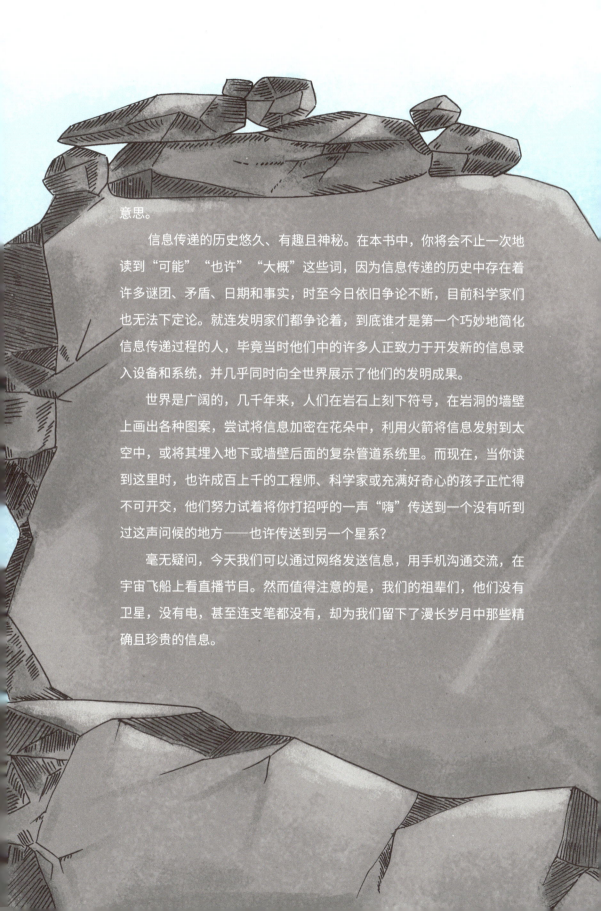

意思。

　　信息传递的历史悠久、有趣且神秘。在本书中，你将会不止一次地读到"可能""也许""大概"这些词，因为信息传递的历史中存在着许多谜团、矛盾、日期和事实，时至今日依旧争论不断，目前科学家们也无法下定论。就连发明家们都争论着，到底谁才是第一个巧妙地简化信息传递过程的人，毕竟当时他们中的许多人正致力于开发新的信息录入设备和系统，并几乎同时向全世界展示了他们的发明成果。

　　世界是广阔的，几千年来，人们在岩石上刻下符号，在岩洞的墙壁上画出各种图案，尝试将信息加密在花朵中，利用火箭将信息发射到太空中，或将其埋入地下或墙壁后面的复杂管道系统里。而现在，当你读到这里时，也许成百上千的工程师、科学家或充满好奇心的孩子正忙得不可开交，他们努力试着将你打招呼的一声"嗨"传送到一个没有听到过这声问候的地方——也许传送到另一个星系？

　　毫无疑问，今天我们可以通过网络发送信息，用手机沟通交流，在宇宙飞船上看直播节目。然而值得注意的是，我们的祖辈们，他们没有卫星，没有电，甚至连支笔都没有，却为我们留下了漫长岁月中那些精确且珍贵的信息。

目　录

第一章

话 语

人们是什么时候开始说话的？

这个问题到今天仍然没有答案。科学家们为此争辩了很多年，但依然无法得出结论。我们的祖辈到底是什么时候说出了第一句话？他们谈论的内容又是什么呢？

人脑可以控制舌头、上颌、喉咙和声带等发音器官，至少在50万年前，这些器官就已经基本形成，足以让人类发出声音。然而过了相当长一段时间，大约在几万年前，人类才真正张嘴说话。大多数学者认为，语言的产生是进化性的，也就是逐步发展起来的，就像小孩子学说话的过程一样。人首先会发出各种声音，就像动物们咆哮、尖叫和咀嚼食物时发出的声音一样。

波兰科学家罗曼·斯托帕专门研究古时候的各种声音。在第二次世界大战前，他曾走遍非洲大陆南部寻找远离文明世界的种族，他们的生活方式和数千年前非常相似。在那里，他听到了一种独特的语言，并在自己的书中记录了几种不同的声音。他推测，也许我们的祖先也曾发出过类似的声音。因为无法用语言准确记述，他便采用乐谱的形式刻录了下来。

但自某一刻起，咆哮、尖叫、呻吟对人类来讲已经不够了。从那时起，人们开始发出单音节的声音，并赋予声音一定的含义：面对危险发出的警告，或者用来称呼某个人或特定物体。后来也许是偶然地，这些单音节逐渐连成了一个个单词，就像小孩子第一次开口叫"爸爸"或"妈妈"一样。

据说，人们开始说话是为了解决更复杂的事情，比如要决定去哪里狩猎、如何分工。想说明这些，光凭手势和肢体动作是很难做到的。

还有人认为，最初人们说话是意识到自己产生了情感并想要表达出来。"太阳升起的时候我们去森林里猎鸟"，这句话可以用画画或用手比画的方式表达出来。但当一个人想要表达他爱谁，或者担心人死后灵魂是不是也会消失时，不通过对话的方式就很难讲清楚了。

为什么黑猩猩不能说话呢？

黑猩猩的身体构造与我们人类相似，它们也有大脑袋，而且99%的基因与人类相同。那么理论上黑猩猩也应该可以进行简单的交流。美国加利福尼亚大学的科学家们认为，是FOXP2基因（又叫叉头框P2基因），更准确地说，是由这个基因编码的蛋白质决定了语言能力的发展。如果这一基因有缺陷，人们就会说话困难，同时也不能准确理解他人的话语。

巴别塔

在最开始的时候，人们说的是哪种语言？为什么现在世界上有成千上万种语言？在不同的传统和信仰中，人们对此的解释都十分奇妙有趣。

在许多文化中，语言被称作神的馈赠。两千五百多年前的印度古籍上就曾有类似这句话的记载。古埃及人主张，创造世界的真谛在于创造它的名字。没有名字，就不是真正存在。是阿蒙神创造了众多语言，并将它们分享给人类。在基督教中，有一个词叫"天堂的语言"，也叫"亚当语"，指的就是第一个人类亚当在天堂里从上帝手中获得的语言。

《圣经》故事中说，人们因为建造高耸的巴别塔，失去了共同的语言。巴别塔本要通向天上，成为人类世界的标志，让人们集聚在一起。但上帝却为人类的狂妄傲慢所震怒，便改变了人类的语言，使得人们无法相互理解，并被分散到世界各处，亚当语也就此消失。

今天当你听到有人说"真正的巴别塔"时，它指的是一个包容的地方，在那里会聚着不同民族的人，他们说着不同的语言。人们本应当合作，但如果每个人都只关注自己，彼此间不闻不问，不能相互理解，那就只会带来混乱，原本美好的计划也将行不通。

4

世界上有多少种语言？

那就要看怎么算了

科学家们常常争论，某一种语言真的就是语言吗，还是某种只在特定范围或地区内使用的方言。根据不同的统计方法，世界上有6000到7000种语言。其中半数以上都只是以口口相传的方式存在着，所以通常人们使用一种语言的同时，还会使用第二种语言作为官方语言，书籍、报纸、网络也都使用第二种语言。

汉语还是英语？

哪种语言是最受欢迎的呢？世界上说哪种语言的人最多呢？这也不是容易回答的问题。如果我们按照说母语的人数来计算的话，就是这门语言在家里也说，那么毫无疑问是普通话，即标准汉语取得了压倒性的优势。大约有9亿人讲普通话。再加上各种汉语方言，全世界有超过14亿人的母语是汉语。而英语才排在第三位，只有3.72亿人的母语是英语。西班牙语位列第二。

但也有其他计算方式，比如说看到底有多少人掌握某一门语言。他们可以是在家、在学校或者在工作的时候学习的，但这些都不重要。重要的是，是否真正会使用这一门语言。按照这样的算法，那么英语就成了使用人数最多的语言，世界上超过17亿人会讲英语。

消失的语言

实际上，世界上80%的人口，也就是近60亿人只讲83种语言。有大约4500万人说波兰语，在世界上最受欢迎的语言中，它排在第26位。

还有超过3000种语言，使用它们的人全部加起来，也仅占世界人口的0.2%。但还有更少的：有500种语言，会说它们的人还不足10个！在印度洋的安达曼群岛还有一些语言只有1个人会讲。这个人一旦去世，这种语言就将永远消失。另外，像美国的加利福尼亚州和俄克拉何马州，尽管在这些土地上存在着数十种土著语言，但它们也处于濒临消亡的境地。

如今，语言消失的速度可以说是前所未有的。过去，语言消亡主要是因为战争和自然灾害。但到了今天，原因有所不同——与世隔绝的岛屿和丛林中的村庄越来越少。人们通过电话和网络联系交流，在世界各地旅游，并用不同语言与他人对话。孩子们上学，也开始用同学和老师们都说的语言。当孩子们逐渐长大成人，就会跟自己的孩子们讲学校里使用的语言，这样，他们自己幼时使用的"母语"就会慢慢消失。

与之一起消失的，还有动植物的名称、神话传说、诗歌……这太遗憾了！

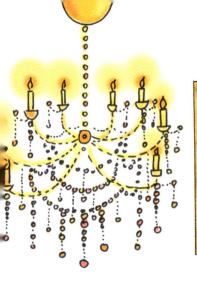

国际语言

数百年来，人们一直期冀能有一种不限地域，在世界各地、各个国家都能交流顺畅的语言。实际上在某一刻，这样的语言真的出现了。

拉丁语——国王和牧师的语言

第一种几乎被全欧洲使用的语言是拉丁语，它是罗马帝国的官方语言。罗马帝国的疆域东到两河流域，西至西班牙、不列颠，占据着广袤土地。公元476年，西罗马帝国灭亡。但这并不代表拉丁语的衰落。与之相反的是，在接下来的数百年里，该语言仍在不断向前发展。中世纪时，拉丁语成了大部分欧洲国家的官方语言和宗教语言。许多文学作品和学术著作都是用拉丁语创作的。可以说基本上所有的书籍都是用拉丁文写的，在修道院里僧侣们也手抄拉丁语的经文。

哥白尼最著名的作品《天体运行论》就是用拉丁文写成的，所以全欧洲受过教育的人都可以阅读它。

拉丁语也是国王和王后沟通使用的唯一语言。王室婚礼常常代表着两个国家、民族的联姻，甚至丈夫和妻子在婚礼当天才第一次见面。

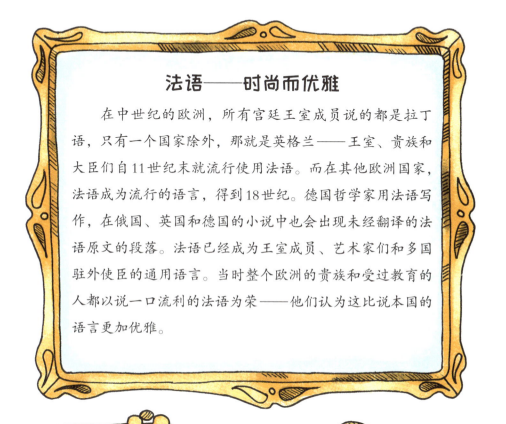

法语——时尚而优雅

在中世纪的欧洲，所有宫廷王室成员说的都是拉丁语，只有一个国家除外，那就是英格兰——王室、贵族和大臣们自11世纪末就流行使用法语。而在其他欧洲国家，法语成为流行的语言，得到18世纪。德国哲学家用法语写作，在俄国、英国和德国的小说中也会出现未经翻译的法语原文的段落。法语已经成为王室成员、艺术家们和多国驻外使臣的通用语言。当时整个欧洲的贵族和受过教育的人都以说一口流利的法语为荣——他们认为这比说本国的语言更加优雅。

英语——自银行和电脑而来

20世纪时，法语的国际语言地位被英语取代，各种流行歌曲、好莱坞电影和计算机应用程序大大提高了这门语言的受欢迎程度。今天全世界有超过5亿学生在学习英语。

人造语言

除了那些被越来越多人使用，最终成为通用语的国际语言之外，还有一些语言，是为了方便来自不同国家的人之间沟通而发明的。这些语言不是自然形成的，也没有哪个国家或民族会去说它们，它们只是某个人在办公桌前为了使他人的生活可以更轻松而创造出来的。

世界语

路德维克·柴门霍夫

如今使用最为广泛的人工语言就是世界语，它是由波兰籍犹太裔的路德维克·柴门霍夫创立的。这位眼科医生在波兰城市比亚韦斯托克出生并长大，目睹了波兰人、德国人、俄国人之间的矛盾和纷争。他注意到，许多矛盾的产生都是由于缺少一种共通的语言，所以他下定决心创造一种简单明了、逻辑清晰、能被所有人无障碍使用并方便人与人交流的语言。如今每年都会举办世界语者的国际大会，有翻译成世界语的各种书籍、戏剧、电影，甚至有100多种世界语的报纸和杂志。

那么到底有多少人会说世界语呢？一些证据显示有几十万人，但还有一些信息表明有多达1000万人。出现这样差别的原因是什么呢？就在于我们对"会说"是怎样定义的，要看掌握这门语言到哪种程度才可以说这个人是真的会说。国际世界语学会指出，世界语是约1000人的母语，这些人使用这种语言在家中交流，是他们最早掌握的语言。

霍比特人和外星人说的话

作家和编剧也会创造语言，但他们创造语言的目的是表明某个群体所说的语言与我们、与其他的主人公们说的语言截然不同。J.R.R. 托尔金就独创了一系列人造语言，在他的作品《霍比特人》和《魔戒》中都能看到。

克林贡语是发展最完善的人造语言之一，这套语言是美国连续剧《星际迷航》中主人公们所使用的语言。喜欢这门语言的粉丝们尝试去学习它，并用它创建了各种网站，就连维基百科上也有这门语言的翻译。另外还有用这门语言演绎的歌剧作品，以及克林贡语版本的《圣经》。同时还设立了克林贡语学会。

无话可说

人工语言的狂热爱好者们正尝试着让他们的孩子把人工语言作为第一语言学习和使用。

克林贡语学会的负责人之一从自己的儿子出生开始就使用两种语言——英语和克林贡语跟他对话。但很快他就放弃了，因为他发现无话可说了，照顾孩子时需要说的单词，比如说"尿布"，在《星际迷航》中完全没有出现过。

英语超级简单

现如今基本英语是最受欢迎的人造语言，它是非常基础的、简化了的英语，没有任何特殊变法，十分简单且合乎逻辑。这个简化版本的英语让人们只用850个单词就可以进行一般交流。它是由英国作家、语言学家 Ch.K. 奥格登于1930年创造出来的。基本英语中的"基本"（basic）表达的不只是"基础"的意思，同时还是英国的（British）、美国的（American）、科学的（Scientific）、国际的（International）和商业的（Commercial）这5个英语单词的首字母缩写。

第二章

文 字

世界上最早的文字

> 　　5000 多年前，在古希腊城市尚未有雏形，埃及金字塔和狮身人面像也尚未被建造之时，在今天伊拉克所在的地区，苏美尔国家正在蓬勃发展。在底格里斯河和幼发拉底河这两条大河之间，美索不达米亚平原上涌现了许多国家，但苏美尔人凭借其先进性和卓越的社会分工从众多民族中脱颖而出。

　　苏美尔人将沙漠变成了肥沃的土地，种植了各种各样的植物。这一切多亏了他们挖通的沟渠，让他们能够浇灌大片土地。除此之外，苏美尔人还能烧制泥砖，并用它们建造了宏伟的宫殿与寺庙。农民把庄稼卖给商人，商人又沿着水道将货物卖到了美索不达米亚平原上其他欠发达地区的人民手里。

　　为了更方便、快速地计算奶牛、谷物和砖块的数量，苏美尔人可以说是最早想出用符号表示特定事物或整个群体的人。最开始他们用黏土做成的圆锥形土块表示数量 1，大一点的球形土块表示数量 10，等等。它们与泥砖一起烧制而成。后来，这个符号系统经过发展和完善，每一个圆筹（考古学家称其为图形）都代表着不同的商品和数量。有的时候甚至会用上几百个不同的圆筹，其中不少都能算作是艺术品；在右页上图中可以看到一

些动物，如奶牛或山羊的头（小的头表示1个动物，大的代表10个动物）。

　　然而这还远远不够。国家发展十分迅速，国民数量不断增加，交易的商品也越来越多，交易路径也越来越广，卖主和买主甚至不用见面就能交易。卖家将货物"清单"用黏土包起来交给中间人，"清单"上标明交易的谷物、山羊和蜂蜜等货物的数量。由黏土制成的土块里有烧制好的小的圆锥、圆球、圆柱和圆盘等，分别代表着指定的商品。要想检查货箱中有哪些货物，就必须把这个土块打碎，才能看到里面的货物"清单"。后来慢慢地，黏土块上又出现了新的标志：上面刻有圆筹，包含了卖家商品种类和数量的所有信息。就这样，这些泥块变得越来越小，而且不再需要被打碎就能看到货物信息。正是这些印刻在泥块上的符号，让世界上最初的文字诞生了。

还有语法!

保留至今的最早的苏美尔泥版就像是被打磨过的土块,体积不大,中间突出,边缘光滑。泥版上的记录也都与商贸有关。后来泥版不断变大,上面记载的信息也越来越复杂多样,使用的文字也发生了变化。最开始的是象形文字,也就是图画文字,一个图画代表一个实物。后来,人们要将几个图画连在一起看,才能明白一个单词的意义,就像解谜一样,这种文字叫表意文字。例如,面包和嘴放在一起的图画表示"吃"这个动作,到底是喝汤、吃肉还是吃面包都无关紧要。

苏美尔人是非常务实的民族,所以他们不断尝试简化他们的文字。复杂的图画渐渐变得更简洁直白,最终取而代之的是用刻刀,或者说是尾部尖锐的器具在黏土上刻印出来的标记。这种刻印出的痕迹一头粗,另一头细,就像木楔一样,所以考古学家把这种文字称作苏美尔楔形文字。大多数符号表示的都是音节,但也有符号直接表示单词,另外还有一些符号单独出现时没有实际意义,但可以把它们视作冠词——就像英语里的"the"一样。

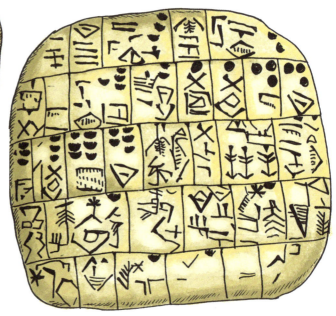

这门语言极其复杂，它的语法构成包括名词、动词、单复数、时态、问句还有变格。今时今日，许多研究苏美尔语语法的学者，都禁不住惊叹它的创新性。

苏美尔人虽然创造了自己的语言，但之后他们开始讲起了他们的邻居也是强大的敌人——阿卡德王国的语言。不过书面文字依然使用苏美尔文。苏美尔文的书面语言地位就像中世纪欧洲的拉丁语一样，不幸的是，到了公元1世纪，苏美尔文字消亡了，但它仍是世界上使用时间最久的文字体系。

古埃及文字——象形文字的秘密

在浩瀚的历史长河中，无数科学家试图破解的谜团，就是古埃及象形文字，这也是世界上最大的秘密之一。

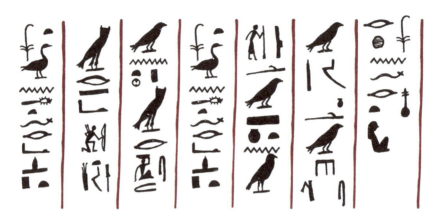

这种与众不同的图画文字被使用了大约3500年。看起来，它似乎是世界上最简单的文字体系，因为它一目了然，跟看一幅画没什么两样。如果你是这样想的，那就大错特错啦！要想破译金字塔内走廊、莎草纸和方尖碑上的文字，就必须了解它的语法规则——尽管它看上去好像完全没有什么规律。有的象形文字只代表一个字母，剩余的象形文字则指的是一个音节，甚至是一个完整的单词。比如说一幅图画了一只鸟，那它指的就是一只鸟，另一幅图画的一只鸟则可能表示的是与前者不同的喙。还有，比如神灵之一猫头鹰，它可能只表示字母"α"。还有一些象形文字，它们本身是不具备任何意义的，但当它们与其他图画组合在一起，就赋予了图画新的含义。古埃及象形文字可以从左到右写，也可以从右到左写。有些文字还必须由上至下读才能读明白。曾经存在着6000多个象形文字，准确地说是6000多个独立图画。要想学习它，必须潜心研修许多年。所以哪怕是受过教育的人也不会亲自书写象形文字，而是由专门的抄写员来完成。这些抄写员要先在学校中进行5年的学习，然后在寺庙或政府里工作5年，最后，他们还需要通过一项复杂的考试。大多数情况下，这个职位会由父亲传给儿子。

写象形文字需要耗费大量时间。所以当僧侣们想要写得更多、更快时，他们逐渐尝试使用其他一些更简单的、连在一起的图画符号，就好像我们今天所看到的几个字母连接在一起组成一个个单词。这种简化了的文字就叫僧侣体。它主要被用来在莎草纸和石板上刻写宗教文本。

然而，僧侣体并没有被用在简单的文本、记录和商人们的货物清单中。古埃及人创造出了另一种独特的字体，即世俗体。世俗体使用起来更为方便，所以渐渐地，各种法令条款、文章、诗歌，甚至悼词都开始采用世俗体。世俗体常常只顺着一个方向书写：从右到左（这跟今天我们的书写习惯恰恰相反）。

珍贵的纸卷

纸莎草

莎草纸是由生长在尼罗河畔的纸莎草制作而成，并由此得名。先把长约5米的纸莎草茎的外皮削掉，再把它切成薄片，越薄越好，接着浸泡这些薄片，然后将薄片一层一层交织地放置在浸湿的木板上，一层要水平放置，另一层则需垂直放置。然后用木槌捶打薄片，将两层压在一起，用类似滚轴一样的东西压住，再在阳光下晒干。紧接着用醋和面粉混合制成的胶水抹在书写面上。最后用贝壳或石头把纸片表面仔细打磨，这样才能收获光滑的纸张。

一整年辛苦工作下来，一个人平均最多只能制作5张长度在10米左右的莎草纸。纸越薄，长度越长，那么价格也就越高。最优质的纸张只能供僧侣和政府工作人员使用。

平民则一般是在器皿碎片（这种陶片可以被循环利用）上或者表面铺了一层石灰的木板上写字。

莎草纸

这样轻薄的莎草纸看上去很容易就会破损，但到今天仍有上千张古老的纸卷被保存下来。这之中最古老的纸卷甚至可以追溯到公元前2400年！

古埃及人主要使用两种颜色的墨水：红色和黑色。黑色墨水是以炭渣为原料制成的，红色墨水则是以赭石为原料制成的。赭石是一种在岩石表面产生的天然染料，含铁量高。人们写字用的笔是用芦苇的茎做的，把它末端斜着平削，再反复咀嚼，直到它变得有弹性为止。

如果认为只有在埃及才使用莎草纸的话，那真是大错特错。在古希腊和古罗马时期，人们也在莎草纸上面写字。从7世纪阿拉伯人征服埃及开始，他们就将莎草纸卖向许多欧洲国家，比如说卖给欧洲的王室。到了11世纪，梵蒂冈的教皇们也使用莎草纸来书写重要文件。

精通多种语言的石头

波兰语中有一个词叫"poliglota"，它指的是精通多国语言的人。但假如你去过伦敦的大英博物馆，就能看到一个真正的、精通多国语言的"智者"：它能说三种文字，虽然它只不过是一块乌黑、有光泽的玄武岩石碑罢了。这块石碑上用古埃及象形文字、古埃及世俗体文字和古希腊文字刻了同样的内容。之所以同一内容用三种语言写成，就是为了让当时古埃及各阶层的人能看懂。公元前196年，也就是这座石碑制成的那一年，古希腊文是当时统治者使用的文字。人们平时的文字是世俗体。但说到象形文字的话，古埃及人要想读明白就不那么容易了。不过，僧侣们却会用象形文字书写最重要的文件。

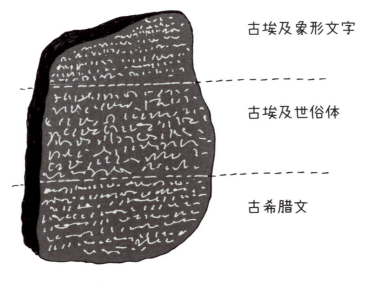

古埃及象形文字

古埃及世俗体

古希腊文

罗塞塔石碑

1799年，拿破仑的士兵在埃及罗塞塔附近发现了这块不寻常的、有光泽的、表面刻有数百个符号的黑色巨石，因此这块石碑被称为罗塞塔石碑。它先是被运往埃及首都开罗，其后又被送到欧洲。一众学者很快就认出了石碑表面下方刻的古希腊文。他们迅速地解译了这些古希腊文字，然后开始寻找它和石碑表面上方神秘符号之间的联系。最初他们一无所获，甚至没有区分出这是两种不同的书写系统：象形文字和世俗体。

直到1822年，这块石碑终于在一位精通多种语言的人面前"束手就擒"。法国天才学者让－弗朗索瓦·商博良通晓16种语言，并能够准确区分它们的不同。他注意到，在古希腊文文本中常常会重复出现法老托勒密五世的名字，因为这是在他统治周年纪念日上颁布的有关祭司的法令。祭司们在里面夸耀着统治者是多么伟大。由此，商博良开始在象形文字和世俗体的文字中寻找重复字符。正是通过这种方法，他成功破解出了其中几个符号的含义。之后他就在这三段文本中来回游移，像是在拼图，不断试错。每次碰到一个难点，就必须后退一步或者重新换一个方向思考。他花了整整20年的时间来解密这块巨石。

欧洲最初的文字

在希腊最大的岛屿克里特岛上，人们用带有图案的印章来写字。

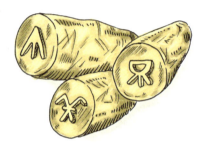

　　几乎每一位来到克里特岛的游客都会参观部分复原的、宏伟的克诺索斯宫殿。在古时候，它有5层楼那么高，大小宫室1300多间。在它的遗迹中，考古学家们发现了用来储存食物的双耳瓶，以及精美的壁画，上面绘制了美丽的花朵、飞鸟和在水中嬉戏的海豚。他们还找到了一个王冠——谁知道呢，也许是米诺斯王本人的呢。相传正是在米诺斯王的命令下，代达罗斯在宫殿地下为可怖的牛首人身怪物弥诺陶洛斯建造了一个巨大的迷宫。

　　1900年，以英国人亚瑟·伊文思为首的一批考古学家虽然没有发现这个迷宫，却挖掘出了数百个刻有神秘符号的黏土器皿和泥砖。当他们仔细观察时，发现这些字符构成了一个全新的字母体系，哦不，甚至是三个。

　　这古老的文字，主要由表现人、物体和动物的图画组成，它们让伊文思迅速联想到了古埃及象形文字，所以他将这种文字命名为克里特象形文字。与古埃及人不同的是，克里特人在画文字符号时并不使用墨水，而是雕刻出一种黏土印章。这大大加快了书写速度。到20世纪时，只有很少的用克里特象形文字书写的信息被完好保存下来，且这些幸存下来的信息也没有可对照的解释。这种古老的文字就这样直到今日仍难以破译。

在黏土泥砖上还找到了后来发展出来的两种文字，它们彼此间完全不同。两种文字都由以各种方式排列的线条构成。其中更久远、更复杂一点的文字被命名为"线性文字 A"，而形成稍晚一点的文字被称为"线性文字 B"。

直到去世前，伊文思都在呕心沥血破译这两种文字。然而时至今日，线性文字 A 仍然无法为人们所阅读、理解。虽然当时使用的这门语言已经失传，但人们成功知道了一些符号应该如何发音。但仅仅知道一些发音的话，我们依然什么都无法理解。

我们要感谢一位天才语言学家——麦克尔·文屈斯，是他使人们能够读懂这些线性文字。14 岁时，麦克尔·文屈斯听了伊文思的一场学术报告。18 岁时，他隐瞒自己的年龄发表了第一篇关于线性文字的学术论文。到了 1952 年，30 岁的文屈斯终于证明了线性文字 B 属于古希腊文，而这时伊文思已经去世了。

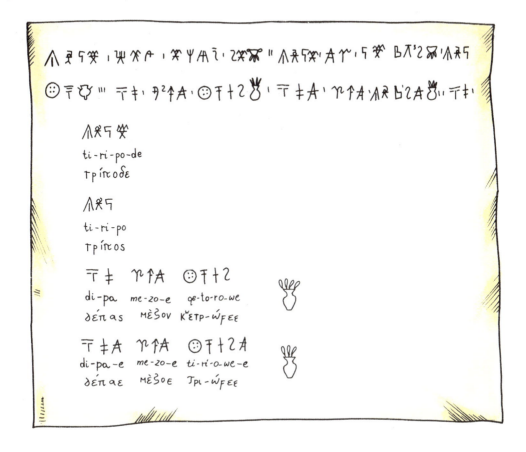

费斯托斯圆盘

　　克里特人留给我们最神秘的信息，并没有藏在克诺索斯王宫里，而是来自这座岛上的另一座宫殿——费斯托斯。1908年，考古学家路易吉·佩尼尔在费斯托斯宫殿里找到了一个平板一样的东西——一个直径约15厘米的圆盘，略有些不平整，比一张 CD 大不了多少。

在它的两面刻有241个符号，就好像是刻章印上去的，呈螺旋状排列。但这并不意味着是完全不同的241个符号——事实上只有45个符号罢了，只是大部分排列不同，重复了好几次。这些符号一般3到5个为一组，每一组之间泾渭分明。所以完全可以猜测，这是一个由45个符号构成的字母体系。出现在圆盘上面的有植物、动物和人的形状符号。

但这些符号记述的是什么呢？我们毫无头绪。找找看，跟线性文字A和线性文字B，或者和希腊语、埃及语甚至汉语、原始的斯拉夫语会不会有一些相似之处呢？只可惜，完全无济于事。

在费斯托斯的研究人员期冀着能找到其他一些带有相同符号的器皿、泥砖或者雕像，想着将它们跟圆盘上的符号比较一下，也许就可以阅读这个文本。但令人失望的是，他们一无所获。

1934年，考古学家们有了惊人的发现。还是在克里特岛上，在阿尔卡洛里洞穴中发现了一把青铜双斧，在上面能清晰看到15个刻印的符号。其中有7个与费斯托斯圆盘十分相似（但不完全吻合！），其余的则完全不同。斧头的发现对破解圆盘文本没能发挥什么作用，希望再次破灭。过去100多年以来，研究人员一直试图解开这个谜题，但始终未能成功。他们也有许多猜测：也许圆盘上刻的是米诺斯文明的纪年，或者是祈福词，甚至有可能是古时候的棋盘游戏。甚至有人坚信，这个圆盘可能是由乘着和圆盘相同形状的飞船的外星人扔到克里特岛上的。

考古学家不断证实在费斯托斯发现的文物的真实性，但时不时地总有人称这个神秘器物是20世纪的造假品。怀疑者中就有美国伪造专家杰罗姆·M.艾森伯格博士。他主张，是佩尼尔自己用黏土制作了这个圆盘，将它做旧，然后放进了费斯托斯宫殿，就是为了让所有人都能记住是他率先发现的。艾森伯格想用热释光辐射测试圆盘，这能判断出它到底是什么时候烧制的。然而此举却遭到了希腊政府的反对，因为他们担心这会损坏珍贵的古物。

在绳子上打结

也许古代最与众不同的"文字"就是结绳了。五颜六色的绳子上系着大小不一的绳结，打结的位置有高有低，这种有绳结的绳子被南美洲原住民称为"奇普"。人们通过这个方法互相传递信息。结绳记事在中国也曾十分流行。

第一眼看上去，奇普就像是一条原始的项链。一根粗绳，上面悬挂了几百条，甚至上千条长短不一的绳子。而挂在这些绳子上面的是——珠子吗？不，不是的，这些都是用各种方式编织的绳结。秘鲁的印第安人早在5000年前就已经使用奇普了。

最复杂的奇普是由印加人编的，15世纪时他们曾在南美洲创建了强大帝国。虽然他们并没有留下任何书籍、记录或是文件，但他们几乎将整个南美洲纳入统治范围。

他们是怎么做到的？就是靠奇普！很长一段时间，人们以为奇普只能用来记录数字：收获了多少粮食，村子里有多少村民，年龄多大，其中女性有多少，男性有多少，谁娶媳妇或者嫁人了，还有谁是单身。你是不是觉得，用绳结是不能写字的？但一切皆有可能——只需要计算绳子上一共系了几个结就行。8个？那我们就有了数字8。下一个，在绳子末端的结表示，需要将它乘100。是的，印加人靠他们的奇普也可以进行乘法运算！

今天，许多研究人员认为，奇普不仅仅是一种计数工具，它还有日历的用途，另外也可以用来记录长的信息、神话甚至诗歌。可能还有一个记

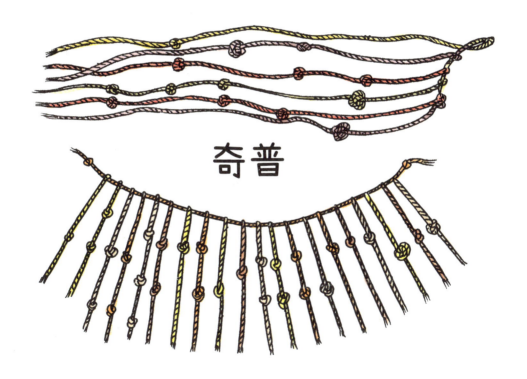

奇普

录印加国王家谱的奇普。为了能够正确阅读如此复杂的信息，信使是必不可少的，他需要记住大概意思并能够传递到更远的地方。由此也诞生了一个社会工种——奇普保管人，这是一个封闭群体，成员资格代代相传，他们的报酬十分丰厚，但同时也肩负着重大责任。

最后的奇普

不幸的是，16世纪初，西班牙人在弗朗西斯科·皮萨罗的带领下打败了印加帝国。他们杀害了许多印加人，并试图用武力征服幸存者。起初，殖民者们主要使用奇普来计算税款。但很快他们就放弃了这种方式，开始将一切写在纸上记录下来，就像在欧洲时做的那样。他们散播谣言，说奇普是危险的、有魔力的东西。那么就出现了这样的情况：要想理解奇普必须依靠奇普保管人，而他们总说，绳结的含义另有玄机。这是他们反抗西班牙人的高明方法之一。

时至今日，在秘鲁的一些地区，牧羊人仍使用几百年前的方法数羊：在羊毛编成的绳子上打结。他们一定是印加人的后裔。

在秘鲁与世隔绝的山村中的拉帕兹圣克里斯托弗教堂里，几百年来，农民们一直保存着装饰华丽的奇普，并满怀敬意。尽管他们并不能读懂这些绳结的含义，但他们坚信奇普有着巨大的力量，并对人类和自然有重要影响。

在波兰留下的痕迹

第二次世界大战之后，全世界仅剩约1000个奇普。其中在波兰就有一个。1946年，在波兰的涅茨卡城堡的楼梯底下挖出了一个保存完好的奇普。那么问题来了，它是怎么出现在这里的？有传言说，它被埋藏在金属管道里165年了。也许是城堡主人的一位亲戚藏起了它，他的妻子是印加公主。他们的女儿乌米娜嫁给了图帕克·阿马鲁二世——反抗西班牙人的印加起义军传奇领袖的侄子。乌米娜和丈夫虽然被杀害了，但他们的儿子幸免于难，并被他爷爷的堂兄领养了。涅茨卡的这个奇普肯定包含了乌米娜留给儿子的讯息。但究竟是什么样的消息呢？如果我们相信传说的话，这个奇普指向的地方藏有印加人无数金银宝藏。许多人相信，这一大笔宝藏中的一部分，就藏在今天的杜纳耶茨河沿岸某个距涅茨卡城堡不远的地方。但到底在哪儿？只有奇普才能解答这个问题，不过它也不见了。

A、B、C……

单词"字母表"（alfabet）起源于古希腊最早的字母"α"和"β"的发音，但第一个创造出字母的人可不是希腊人。

居住在地中海东岸（具体范围大致在今天的黎巴嫩和叙利亚沿海一带）的腓尼基人为字母的传播做出了超凡贡献。用"居住"这个词可能并不完全准确，因为腓尼基人从不停下脚步。他们航行到非洲、西班牙和希腊，在当地建立起了殖民地，并在这些地方留下了由22个辅音组成的字母表。希腊人在这个字母表中添入了元音，全新的字母文字就这样从希腊辗转来到罗马人占领的土地上。罗马人创建了独特的拉丁字母体系。它从庞大的罗马帝国传到欧洲的各个角落，直至今日仍被欧洲的大多数国家使用着。

当然字母体系并不完全相同。许多语言在自己的字母中加上了特殊的符号，比如说字母末端加一个小尾巴，在字母上方加一撇或是加几个点，就像波兰语中的字母"ą"、"ę"和"ó"，还有德语里的"ü"一样。

世界上有35%的人口在使用着不同的拉丁字母文字体系。即使是欧洲，也并没有使用同一种字母表——有一些国家使用的是西里尔字母，它是由俄语字母发展出来的文字体系。希腊人使用的是他们自己的，一直以字母"α"和"β"开头的字母表。

许多亚洲国家也有自己独特的文字体系——它们通常并不以单音节为主。字母符号常常对应的是整个音节或单词，甚至有的都不能说是字母表，因为它们并没有按特定顺序排列，而且在文字系统中一直在增添新字符，汉字就是个典型的例子。另外，还有许多语言根本不存在文字，它们只能被用来做口语交流。

改变，变法

有的国家会永远或暂时地改变书写方式。比如说土耳其，1928年，在总统阿塔图尔克执政期间，土耳其进行了现代化改革，并加强了与欧洲的联系，其中一项举措就包括采用拉丁字母。

最近，在2017年，哈萨克斯坦政府也推进了相似的改革。在1991年之前的100多年间，哈萨克斯坦一直处于俄国和之后的苏联的影响下。如今在哈萨克斯坦，西里尔字母将被拉丁字母取代。这项改革将逐步进行，预计到2025年最终完成。

还有一些国家同时使用两种字母体系，比如说塞尔维亚。这个国家一部分公民（尤其是老年人）主要使用西里尔字母，另一部分使用拉丁字母。

第三章

从 A 到 Z 的 100 种方法

手语

其实很久以前，就存在听力有障碍的人，也就是聋人。由于生病或意外，他们失去了听力，但他们一直努力试图与世界交流——最简单、最自然的方式就是做手势。

听力健全的人常常并不想要理解这种手势符号。在70年前，欧洲和美洲的老师们就禁止聋哑儿童使用手语。他们认为，聋人应该去阅读嘴唇的变化，嘴唇在发出不同的声音时都会有所变化。有的时候还要强迫聋人们去说话——跟着老师嘴唇和舌头的移动来模仿学习。这对听障人来讲并不是件容易的事，他们一般会觉得很害羞，因为发音很奇怪而且不能被顺畅理解。因此当他们能逃向其他聋人那里，使用对他们而言最自然的手语时，他们大大地松了一口气。

但在过去的几个世纪里，没有聋人学校，也没有能够让他们在全国范围内交流的语言。当然他们可以用手指来比画数字，想要吃东西的时候就假装往嘴里放食物，每个人的做法各不相同。直到18世纪，才成立了第一批聋人学校，各个国家开始创造手语。在波兰，这种语言就叫波兰手语，简写为PJM，主要包括各种手势、面部表情还有头部和肢体的动作。

如今全世界大约有300种手语。它们有着自己的语法体系，通过手语，人们不仅可以聊美食和天气，还能谈论医学、汽车制造和所有听力健全的人知道的话题，甚至还能用手语作诗。但早期的手语是不能被写下来的，直到1974年，手语才正式有了书写版。

读到这儿，你是不是在想，为什么手语还要有书写版？比如像PJM就是波兰语，那么每一个聋人都可以直接接触波兰语的童话、小说和诗歌，所以他们可以像其他人一样阅读它们，不是吗？

但不幸的是，事情并没有这么简单。PJM有自己的语法、单词，一个完整的波兰手语句子和普通人说的波兰语完全不同，而且用波兰语口语写下来的文本对使用手语的人来说是完全不能理解的。

举个例子，PJM 里问句、命令句以及祈使句使用的是相同的手势，但我们需要用适当的表情来表示我们是在进行提问，而不是发出命令。

许多人觉得，称呼听力有障碍的人为"聋哑人"要比单纯的"聋人"更好一些。但并不是这样的。"哑"指的是无法与别人沟通，但聋人是能够与其他人很好地交流的。

午饭　约会　民主　聋的

甜品　医生　笨的　你

街道　孩子们　你的

美洲　很好　你好　哪里

语言 – 手语

为了让聋人与听力正常的人交流，人们又创造了一种手语，缩写是 SJM，即"语言 – 手语"系统。这个系统包含手语里的一些动作，还有手指字母表——波兰语字母表中每个字母都有单独手势，比如说在拼写名字时，这样的手指字母绝对不能少。当然也有一些手势表示数字。SJM 使用波兰语的语法，许多电视节目中出现在屏幕一角的翻译员就是用这种语言 – 手语传达信息的。边使用这种语言，边清楚地说出文本，这样聋人也可以同时通过嘴唇变化明白说话内容。这对那些懂得波兰语，但同时失去听力的人来讲是非常有用的。

在军队和建筑工地

不同的工作群体也会使用简单的手语。比如说，在修路这样吵闹的环境中工作的人们，因为有玻璃遮挡，所以他们常常听不清人说话。还有军人，为了不惊扰敌人，他们必须时刻保持安静。

印第安人手语

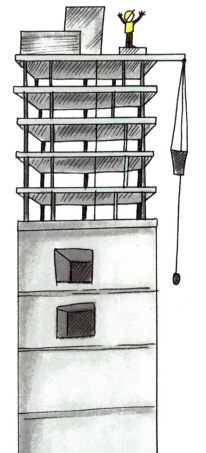

大概早在16世纪时，北美洲的原住民就已经使用手语了。但这跟听力问题可没什么关系，只是因为印第安部落间说着不同的语言而已。美国、加拿大和墨西哥的约40个部落有超过10万的人口，他们彼此间无法顺畅交流、开展商贸交易、制定使用同一段路的规则，也不能商定与敌人作战的战斗方式。这些部落并没有去寻找所有人都能理解的语言，而是创造了独特的手语。当欧洲人最后征服北美大陆时，这种语言就消失了，因为各个部落已经没有了相互交流的机会，而且英语也成了通用语言。

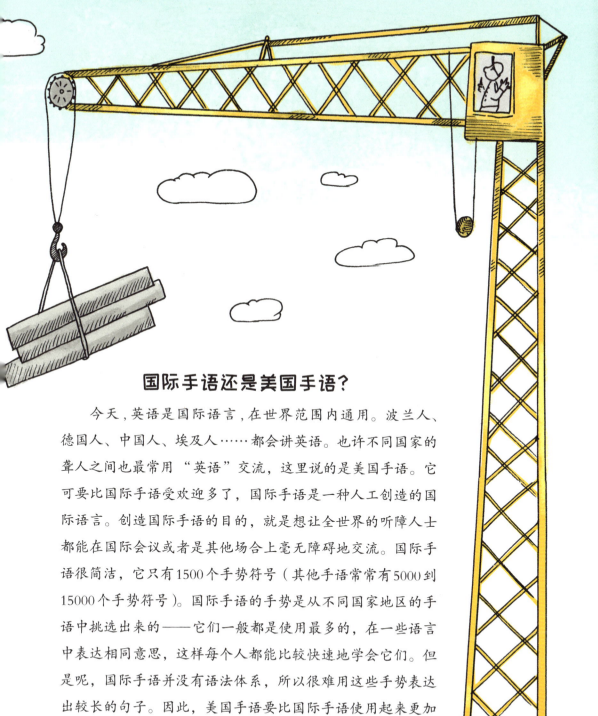

国际手语还是美国手语？

今天，英语是国际语言，在世界范围内通用。波兰人、德国人、中国人、埃及人……都会讲英语。也许不同国家的聋人之间也最常用"英语"交流，这里说的是美国手语。它可要比国际手语受欢迎多了，国际手语是一种人工创造的国际语言。创造国际手语的目的，就是想让全世界的听障人士都能在国际会议或者是其他场合上毫无障碍地交流。国际手语很简洁，它只有1500个手势符号（其他手语常常有5000到15000个手势符号）。国际手语的手势是从不同国家地区的手语中挑选出来的——它们一般都是使用最多的，在一些语言中表达相同意思，这样每个人都能比较快速地学会它们。但是呢，国际手语并没有语法体系，所以很难用这些手势表达出较长的句子。因此，美国手语要比国际手语使用起来更加方便、舒服。

婴儿手语

大多数的小孩子在2岁左右就可以说一些简单的句子了，也有一些会稍微晚一点。但事实证明，9个月大的婴儿只需要简单的手势，就已经能够表达他想要什么了。

大约50年前，美国心理学家和手语翻译者约瑟夫·加西亚就开始对此展开研究。他注意到，父母失聪但自身听力正常的宝宝和自身听力有障碍的宝宝都能很快学会简单的手势。因此，他们能够比不用手势的同龄人更容易与周围环境沟通。

随后加西亚创作了一本婴幼儿指南，上面列出了涉及婴幼儿最重要的需求清单（吃、喝、搂抱、睡、太冷、太热、玩泰迪熊等），并简化了手语里表达这种需求的手势。如今全世界都很有名的方法——"婴儿手语"就是这样发展起来的。

妈妈　　　　　　　爸爸

这个方法最重要的一个原则就是：边说话边做手势。所以当你跟孩子讲必须去洗手时，就用双手摩擦胸部像在抹肥皂一样。如果你说"喝点水"，就举起手，假装在喝杯子里的水。发出同一个指令的手势也应当是一致的，而这需要全家人都这么做。在最开始的几周，宝宝就只会看着，但到了9个月或10个月大的时候，他就会模仿这些动作了。

　　有的时候也会出现这样的情况，就是婴儿自己发明出了一个手势，而这个手势只有他自己明白是什么含义。比如说他用手打一下额头，表示他想吃东西。如果这样的动作重复几次，那么家人就会理解宝宝到底想要什么，他们也会开始使用这样的手势。也许这种手势在任何字典里都没有，而且打额头也不会让人跟吃东西联想起来，但这并不重要。

这一切都是为了什么呢？

　　毕竟小孩子们迟早都会说"要睡觉"、"吃东西"和"好冷啊"。的确没错！但婴儿手语的诞生是为了——当小宝宝还什么话都说不出来的时候，大人能够跟他交流，理解他的需求，而不是去猜他到底想要什么。而这种方法还会带来积极的 "副作用"：美国加利福尼亚大学的心理学家们证实，使用这种简单手语的孩子们可以更加茁壮成长。在幼儿园的时候，他们可以比其他同龄的小孩子们说更长的句子，知道更多的单词，学习外语也会更容易，甚至他们连数学也会比其他小朋友学得更好。

请

谢谢

为盲人寻找文字

在古时候，人们就在寻找帮助盲人阅读的方法。虽然他们看不见文字，但他们却可以利用另一种方式——触摸。

在古希腊和古罗马，因为文字是刻在蜡板上的，盲人为了弄清楚这些字母，手指要来回移动摸索，但这一过程却会让文字变得模糊起来。

在很久之后，15、16世纪时，人们将文字刻在木板上。再晚一点，人们用针在软垫上扎出字母，或用铅铸成印刷活字，同时，教盲人写字。在许多国家使用过的，也是最受欢迎的方法就是将木条弄成几排，贴到纸上。这样就做成了一个一行一行的笔记本，这种木条形成的横杠就像是打印上去的横线：一根木条下面空一行用来写字，再放一根木条，然后又是纸的部分。这样盲人可以感受到"线"与"线"之间的空隙，在上面写字，然后移开上面一行的木条再在下一处空白的地方写字。但这样写出来的东西还是只有视力正常的人能看到，对于其他盲人来说依然是无法阅读的。

另外，像在幼年就失去视力或者天生就什么都看不见的人，他们很难将写下来的字母

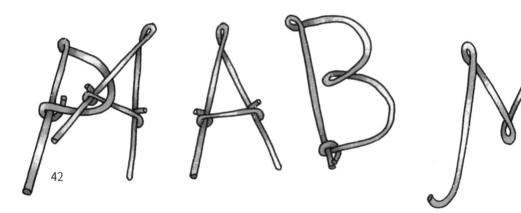

组合起来，他们也没办法想象。这时，他们开始寻找一些能够代替字母的符号。在很长一段时间里，人们进行了各种实验，比如在绳子上打不同的结，这样形成不同的排列组合，每个组合都代表一个字母。

18世纪时，才有第一本盲人书籍被印刷出来，使用的仍是普遍适用的字母，代替手写文字，这些字母是放大的、凸出的、被压印在厚纸上。这种文字叫作线条型盲文。之后又引入了点字盲文，它的每一个字母都是由凸起的小点构成的，手指可以摸索到由小点排成的直线。另外还有一种珍珠式盲文，这种盲文有的点会更宽、更凸出，今天主要用在给盲人阅读的纸质地图和插画里。

如今印刷书籍有着一种全新的方式，而这要归功于一个天才男孩。

天才男孩

19世纪初，路易·布莱尔出生在法国的一个乡村。小的时候他常跟家里的3个哥哥姐姐一起玩耍，他最喜欢的地方就是爸爸做马鞍的小工作间。也是在这里，3岁的小路易不小心被锥子刺伤了眼睛。父母用家里的药物为他治疗，但可惜的是，眼睛还是被细菌感染了，先是一只，然后两只眼睛都被感染了，最后小路易什么都看不见了。他的父母不想让路易只能一直依赖别人，就决定教他认字。父亲在木板上用钉子组成字母，做了一个字母表。路易也和其他孩子一样上学，这在当时是很少见的情形。他非常聪明，学习成绩也很好。10岁时，他获得了奖学金并前往巴黎最好的盲人学校上学。在那里，孩子们学习阅读凸形字母，这些字母是用特制印刷机在潮湿的厚纸上压印的。只不过他们连一个简短的句子都写不出来。

一次课上，退休军官查尔斯·巴比埃上尉被邀请来做讲座。他向孩子

们展示了军队使用的一种特殊密码——夜间符号，因为命令要在黑暗中传递给他人，士兵只能用手指读出指令，而且不能让敌人发现自己所在的地方，所以不能点亮火柴。每个符号由12个用笔尖刻在纸上的凸点组成。如果只是传递简单的信息，那么这种符号非常好用，但它还有一些缺点：无法展现语法，所以也看不出组成的句子是过去时还是将来时，而且无法判断这个句子是陈述句还是问句，等等。这套符号体系里也没有数字或者加减号、逗号、叹号这些符号。因为它们都太大了，完全无法贴合手指来回摸索。

路易·布莱尔下定决心要完善这个系统，他想要盲人也能用它阅读和写字。朋友们都笑话他痴迷，因为休息的时候、晚上、午饭前、和父母一起度假时……他都拿着父亲的锥子在纸上刻凸点。终于在1824年，他当时还不到16岁，他认为字母表的编制工作已经大功告成。他请求校长同意他找其他学生进行试验，校长同意了。路易的朋友们都夸赞说这个系统很简单，能够让他们更容易地学习。

布莱尔盲文也常被称为"6点制盲文"。它是由排列成2行的6个凸点（每行3个）组成的。通过各种排列组合，最后可以形成64个符号。许多符号只有1个点，但其他的可能会有5个，甚至有1个符号由6个点组成。用这些符号可以写复杂的算术题、化学公式甚至乐谱。

布莱尔盲文占用的印刷空间是传统印刷的3至4倍。这就是为什么同一本《哈利·波特》的书，原著一套只有7部，而给盲人阅读的足足有36部。

对于盲人而言，最重要的是布莱尔盲文让他们可以阅读和书写。今天虽然在电脑上也能完成这一任务，但在19世纪，盲人只能借助在厚纸上刻印符号的布莱尔机器——一种像普通打字机的机器。

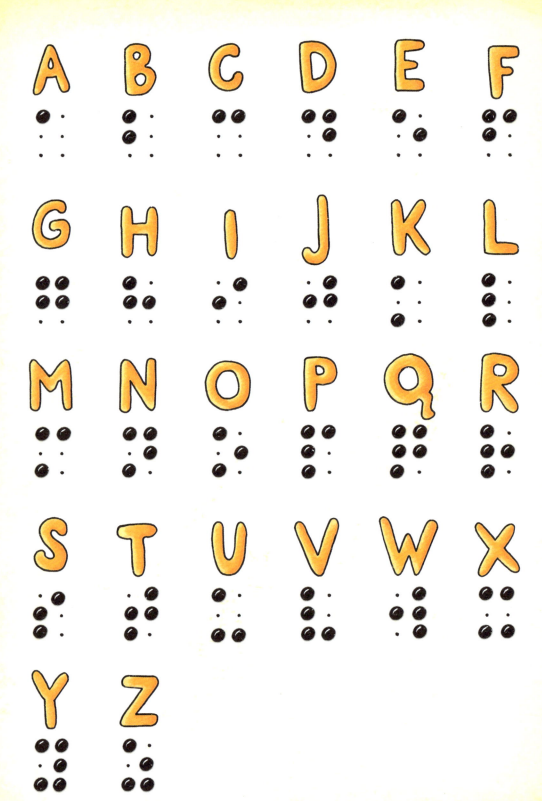

所以为了让黄色、做梦等词可以被书写……

　　波兰的盲人用的也是布莱尔盲文，但它对应的是波兰语。波兰语的字母表要比基本字母表多出来9个字母。相比英国的字母表，波兰语还需要 ą、ć、ę、ł、ń、ó、ś、ż、ź 这些字母，才能够写出来像 "żółć" "śnić" "łąka" "źle" "ćma" "żałować" "całość" 这样的单词。在波兰语版的布莱尔盲文中，也有代表这些字母的符号。这个波兰语版本是由两位修女——伊丽莎白·罗拉·查茨卡和特蕾莎·兰迪制定的。她们二位曾与盲人长时间相处。查茨卡在成年双目失明，所以她也尝试了各种各样的方法。1934年，波兰语版的布莱尔盲文获得了波兰教育部的官方认证。

　　如今基本上每个国家都有自己的盲文。

　　但不是所有盲人都知道且会使用这种盲文。比起读盲文书，很多人更愿意听有声读物。他们也常使用电脑里的语音合成器。

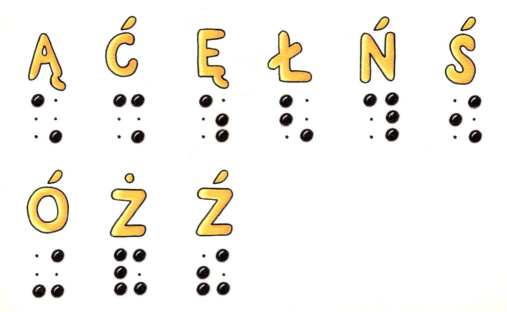

点字之争

直到今天，路易·布莱尔仍被认为是历史上最杰出的法国人之一。他被埋在了巴黎万神庙，一个保卫英雄的地方。但全世界并没有很快地接受他创造出的盲文。想要为盲人创造文字的，大有人在。在美国和英国，关于到底使用哪种盲文的斗争持续了100多年，这场斗争十分激烈，有人称它是点字之争。

当然，不是所有的盲文都是由刻印的凸点构成的。反对布莱尔盲文最猛烈的人就是塞缪尔·豪，他创造出的刻印盲文和正常字母形状差不多，但边缘都是直角形状。稍晚一些，又诞生了纽约点字盲文，它和布莱尔盲文十分相似，只是把符号都转向一侧，以便节省空间。19世纪末20世纪初时，在美国出现了布莱尔盲文的变体，被称为美国盲文。在英国，穆恩盲文十分受欢迎，它有8个字母，以线条的方式来表示，线条走向的变化代表不同的字母。比如说向上开口的 V 代表的是字母 A，V 向左转就代表字母 K，往右转就是字母 X。

甚至盲人学校也使用不同的盲文表，这也引发了许多问题。1909年，海伦·凯勒，这位失去视觉和听觉的美国作家兼教师，开始为统一盲文表奋斗。她为了能够阅读所有盲文书籍，必须学习4到5种盲文。她不想她的学生也需要和她一样。

终于在1932年，这时布莱尔盲文已经问世超过100年，它被认定为美国和英国唯一官方指定盲文。

但英国人一直都会使用两种盲文字母表：布莱尔盲文和穆恩盲文。许多虽然失明但会阅读的人主张第二种盲文会更舒服也更容易记住——就是普通字母的奇怪组合罢了。

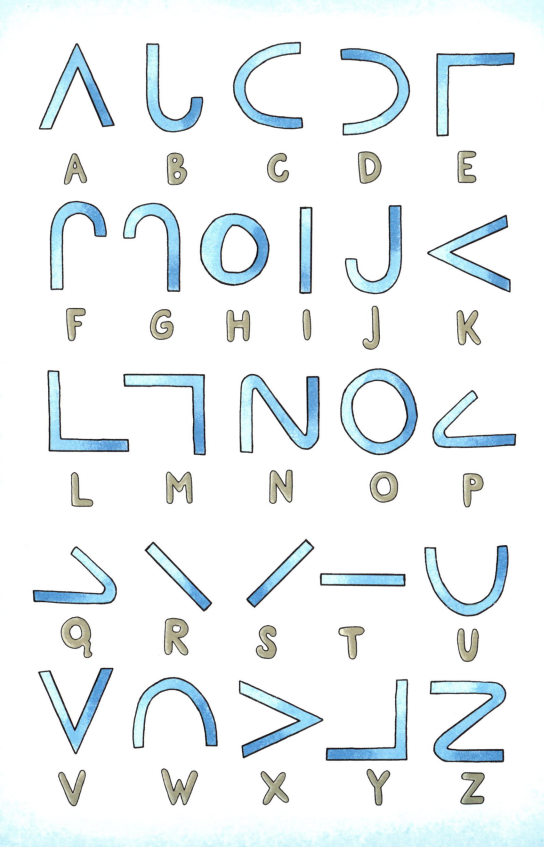

A   B   C   D   E

F   G   H   I   J   K

L   M   N   O   P

Q   R   S   T   U

V   W   X   Y   Z

神奇的字母表

符文，也叫鲁纳斯文字，是生活在罗马帝国边缘地带（包括今天的德国、英国、丹麦、瑞典和挪威等地区）的人们使用的一种古老的字母表，使用时间最早从公元2世纪一直到中世纪时期。

符文看上去就像是小孩子画的简单符号。但欧洲人相信，符文是上帝赐予人类的宝物，这种信念强大到，相比于其他字母人们会更看重符文。符文在魔法仪式上扮演着十分重要的角色。所以古挪威语中"run"一词的意思是"秘密"也完全有理可循。

符文的魔力展现在多个方面。许多人相信，符文可以保护人免受来自深渊鬼魂的侵害。还有一些人用符文进行占卜，从碗里或篮子里取出一块刻有符文的石头，也可以是一块木头、骨头或一个角，来观测人类的命运。由此每个符文都有附加的意义，它象征的不只是一个单独的字母，还是某种形态或者现象。

除了一些小石子儿（实际上最多的是小木块儿）之外，还有许多刻有符文的巨石——巨大的石块和石板，上面用符文刻写着复杂的历史，并用花朵、动物或者简单的圆圈和十字符号做装饰。在瑞典梅拉伦湖发现的巨石最多。上面的符文可能是在11世纪下半叶刻成的，当时这一地区的大部分人都信奉基督教。不过这就有点奇怪了，因为符文常常和异教仪式有关。但事实上，在此地某个村子的路边出现了这样的符文：我们是基督教徒！

符文又开始变得受欢迎了

到了20世纪下半叶，在欧洲和美国，人们又重新燃起了对符文的好奇和兴趣。人们开始把符文挂在门上充当护身符，认为这样能保护他们不受恶灵侵害。另外还给自己占卜，抽选符文看未来人生道路的走向。

托尔金的色斯文

J.R.R.托尔金在创作《魔戒》和中土大陆的传奇故事时，创造了一种全新的语言——色斯文。它的原型正是符文——托尔金改变了符文的一些符号，并给这些符号赋予了全新的含义。

卡舒比符文

波兰卡舒比地区的渔民们，会用雕刻或烧制的带有独一无二的符号的木块来标记自己的渔网。通过这个方法，可以立刻知道渔网和兜在里面的鱼是谁的。这些符号就叫标牌，常常能让人联想到符文。

秘密接着秘密

　　许多信息除了接收人之外是绝对不可以被他人阅读的。因此人们会加密信息、编写代码。如果人们没有打开它的钥匙——解密的规则，那就不会明白信息的含义。已知的最早的解密规则，出现在一块刻有楔形文字的黏土泥版上，这块泥版来自美索不达米亚地区，迄今已有 3500 多年的历史。

恺撒密码

　　它是最简单的密码之一，之所以这样称呼它，可能是因为公元前 1 世纪罗马皇帝尤利乌斯·恺撒曾使用过它。他在给后来背叛他的军队统帅兼哲学家西塞罗的信件中，用这种密码写下了作战计划。

　　这种密码也叫移位密码，因为每个字母都替换成字母表上的一位、两位甚至五位之后的字母。比如说字母 A 被 B 替代，C 被 D 替代，以此类推，那么恺撒的名字 Cezar 用密码写出来就是 DFŹĄS（在波兰字母表中 Ź 是 Z 的后一位，Ą 是 A 的后一位）。

　　这种古老的密码在 19 世纪时，很受情侣们欢迎。他们将讯息登在报纸上。通过这种手段，他们可以商量秘密约会的时间、地点或向远在异国他乡的爱人表白情意。19 世纪初，俄国军队也曾使用

这种密码。但德军轻而易举地破译了它，不费吹灰之力就掌握了俄军的作战方案。

今天恺撒密码常被用于掩藏网页上的某些信息（比如说电影或书的结局），也被用在密室逃脱或秘密解码环上，后者的英语是 secret decoder ring。

替换密码"Gaderypoluki"

这个看上去很奇怪的词语实际上并没有什么含义——但每个曾经参加童子军的人都知道它，尽管他们如今已经长出了白胡子。这个密码常被用来加密指令和其他重要消息。

这种密码的关键就在以下几个字母组合里：GA–DE–RY–PO–LU–KI。加密的信息，需要把字母换成这个奇怪的字母组合中对应的字母，也就是说 A 要换成 G，E 要换成 D，Y 换成 R 这样。没有出现在这个字母组合当中的字母，则不需要变换。以"ALA MA KOTA（阿拉有一只猫）"这句话为例，用这种密码写出来就是"GUG MG IPTG"。

当然，童子军，有时还有刚学会使用密码的人，会想出各种密钥搭配。但最重要的是，一定要保证每个音节只有两个字母，这样整个队伍的士兵才能比较轻松地记住它。其他一些比较受童子军喜爱的密钥有 NO–WE–BU–TY–LI–SA、KA–CE–MI–NU–TO–WY 和 MO–TY–LE–CU–DA–KI。

斯巴达密码棒

如今一般都是由电脑进行加密工作，但古人也有特殊的加密装置。公元前5世纪的斯巴达密码棒就是个很好的例子。它只是一根简单的小木棍，看上去就像一根长一点的铅笔或者火柴，侧面并不是光滑平整的，几个边角都比较尖锐。将一条细长的薄纸或羊皮带一圈圈缠在上面，然后在纸上写信息，之后解开纸条。纸上的字母，上一个和下一个完全无法组在一起形成一句话。传信人将条带系在腰间假装是腰带，把有字母的一面朝向身体，这样即使被敌人抓住，也不会怀疑他，因为从口袋或包里也搜不出秘密文件。收信人想要解开信息密码，就必须有一根宽度一样的木棍，这样才能顺利读出加密的信息。

恩尼格玛的秘密

最著名且最复杂的密码机是恩尼格玛密码机，它是1918年由德国人亚瑟·谢尔比乌斯发明出来的。它的外观和普通打字机没什么差别，但内部装有电子和机械系统，整个加密过程通过几个转子（也就是内部装有棘轮的滚筒）的转动来完成。最开始的时候，发明它的人主要把这种密码机卖给大公司，因为大公司需要在市场竞争中保护本公司的重要文件。后来，德国邮局和许多政府机关也使用它，最后军队也发现了它的妙用。为了满足军队的需求，全新版本的机器被研发出来。不过商店和办公室使用的普通版的密码机还是很容易买到的——可能是为了让当时密切关注德国的其他国家不会对密码机的突然消失有所怀疑。

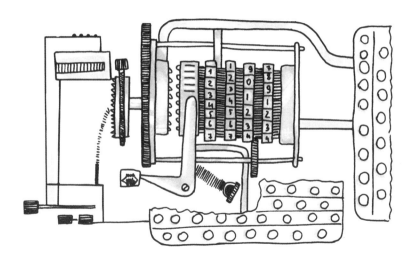

在第二次世界大战前，德国人一直在不断改进加密方法，看起来没有人能够破解他们的秘密。各个国家的密码专家团队都在研究发明密码或破解密码。在这些密码专家中，也不乏波兰人的身影——军队的军官在数学专业的学生中找到了年轻有为的马里安·雷耶夫斯基、杰尔兹·罗佐基和亨里克·佐加尔斯基。他们试图破译截获的信息，但他们手里只有在商店中买到的简易密码机。后来法国人给他们展示了军用密码机的照片和一些早就淘汰的、老掉牙的密码表。在这些信息的基础上，波兰的密码专家们用他们广博的数学知识和创造力，打造出了几乎一模一样的密码机。他们还发明了名为"炸弹"的恩尼格玛密码分析仪器。然而，与此同时，德国人也没有停止改进加密技术的步伐，并在密码机中加入了新的转子……波兰人一直在努力实现他们自己的想法。但整个过程消耗的资金越来越多，技术要求也越来越复杂。这个问题在战争爆发之前，就已经显露出来。众所周知，一旦战争开始，就需要截获越来越多的消息，而波兰人仅靠几个人的团队和少得可怜的资金，到时候什么都做不了。"二战"全面爆发前5周，1939年7月25日，波兰人将一台在华沙制造的恩尼格玛密码机移交给了法国和英国情报部门。之后破解密码的工作就在天才密码学家艾伦·图灵的领导下进行。当然，雷耶夫斯基、罗佐基和佐加尔斯基也参与其中，他们在战争开始后撤离了波兰。

第四章

漫漫
送信路

菲迪皮茨——第一个送信员

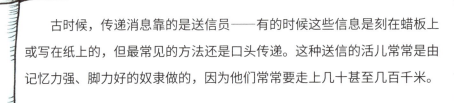

古时候，传递消息靠的是送信员——有的时候这些信息是刻在蜡板上或写在纸上的，但最常见的方法还是口头传递。这种送信的活儿常常是由记忆力强、脚力好的奴隶做的，因为他们常常要走上几十甚至几百千米。

跑步 36 小时

最著名的送信员就是菲迪皮茨了，这可是一名训练有素的古希腊战士。公元前490年，他被从雅典派往斯巴达。他需要做的是传递一条消息：希望斯巴达军队前去马拉松平原，帮助雅典人对抗入侵的波斯人。246千米的路程，菲迪皮茨只能用双腿跑完。这一天，天一亮他就出发了，第二天晚上他就成功抵达。整个过程被古希腊最著名的历史学家希罗多德记录了下来。

1982年，5名英国皇家空军士兵决定复刻这一伟大成就——他们中的3人最终成功跑到终点。自那之后的每年9月，在希腊都会举办一场希腊至斯巴达的超级马拉松赛。运动员们沿着与菲迪皮茨相同的路线赛跑，而且按照规定必须在36小时内跑到位于斯巴达的终点。目前为止最快的纪录是20小时25分钟。所有完成路线的运动员都会得到一枚纪念奖牌。

"我们赢了!"

事实上,直到今天,我们依然记得菲迪皮茨,是因为一次更短距离的跑步。当时,尽管斯巴达军队并没有及时增援,雅典人还是在马拉松平原获得了胜利。菲迪皮茨必须带着胜利的消息快速跑到雅典,他用闪电般的速度跑了约40千米,边跑边大喊"我们赢了",然后筋疲力尽,倒地而亡。

但我们并不知道这个故事的真实性有多高。希罗多德只提到了菲迪皮茨曾从雅典跑到斯巴达,而从马拉松镇跑到雅典的故事,他一个字都没提过。关于送信人从马拉松镇跑到雅典的故事倒是也有史学家记录过,但那是几百年之后了,而且主人公的名字在有的记录中还不是菲迪皮茨,有的叫瑟尔希普斯,有的叫埃乌克勒斯。而且在大多数故事版本中,这个送信员在到了目的地之后也并没有力尽而亡。根据希罗多德的记载,到达雅典的并不是菲迪皮茨,而是整个希腊军团。而且也不是为了报告战争胜利的消息,而是为了阻断波斯战船前进的道路。因为当时整个希腊军队都集中在马拉松镇,所以波斯军队在马拉松战役后,准备向守卫空虚的雅典城急速进军。

国王的距离

不管真相如何,今天全程42.195千米的长跑就叫马拉松或马拉松长跑。人们常说,这是国王的距离,这么说也有一定道理。这个长度实际上要比从雅典到马拉松镇的距离更长,而且并不是个整数。这一切都是因为一位国王! 1908年,在伦敦举行的奥林匹克运动会上,运动员们完成了42.195千米的长跑,这个距离正好是当时英国王室的温莎城堡到国王爱德华七世所在的白城体育场的皇家包厢的距离。

古代邮局

罗马帝国疆域辽阔，并且一直不断向周围扩张。罗马皇帝和元老院都非常明白，与边远省份保持通信联络有多么重要。要想满足这个要求，邮局必不可少。

奔跑的送信员

罗马帝国第一任皇帝屋大维·奥古斯都自公元前1世纪末至公元1世纪初统治罗马超过40年。正是在他的统治下，帝国形成了一套完整、复杂的邮政体系，即便是在帝国最偏远的角落，包裹也能被送到当地官员和指挥官的手中。路上最重要的车站或停靠点也被称为"驿站"（posta）。单词"邮局"（poczta）正是来源于罗马帝国。

年轻力壮的奴隶，也就是"送信员"，就在这些驿站里等着。他们拿上包裹（经常是用刻刀雕刻在蜡板上的信件）之后，四散前往不同方向到下一个驿站，在那里又会有另一波送信员在等待着。

马蹄的力量有多大

几年后人们发现，哪怕是最能跑的奴隶，也不如马儿送信送得快。因此，路边驿站的作用就发生了变化。它们被改为更换疲惫的马匹或骡子的地方。所以在这里必须有存粮供牲畜吃，而且还要有让它们休息的棚子。快马加鞭的送信人留下的骡马就由奴隶来照看。当这些牲畜吃饱喝足休息好了之后，就交给来到驿站换下疲惫马匹的送信人。

但说真的，人也必须休息。所以大约每6到8个驿站，就会设有路边客栈或者简单的旅社——如同今天我们见到的汽车旅馆，在这样的屋子里，送信人可以吃点东西，过夜休息。

当然整个驿站网络不是一天建成的。在没有驿站的地方，邮递员们可以在路过的平民家中住上一晚，请他们给马喂水，甚至换一匹马。只要给这些平民出示一张罗马官方开具的特别文书，证明他是在完成国家任务，那么没有人会拒绝他的请求。

给爱的人写信

那私人信件，比如给朋友、未婚夫或者在另一个省的姑姑写的信呢？这样的信件官方驿站是不给寄送的，所以只能由要前往那个方向的亲人或朋友顺带捎去，当然也可以找商人，但那肯定是要额外付钱的。如果有很紧急的事情的话，奴隶可以送信过去。但只有最有钱的人才能这样做，因为要担负整个行程的花费，奴隶的过夜费、伙食费，而且有的时候整个行程还要花上好几个月的时间。

大家听好了

在古罗马就已经有街头公告员存在了。在有集市的那一天，他们会大声宣告公民大会、节日、交税等相关事宜的重要信息。而在中世纪时，他们的工作最为繁忙，因为那时大多数人还不会读写，所以张贴告示毫无作用。

在中世纪早期，欧洲的街头公告员只需要向在重要场合聚集的人群大声复述统治者的话语。那个年代没有喇叭，而像战争胜利或王子降生的消息又需要从王宫向外传播。所以当时宫廷雇用了嗓音洪亮的男性，来一句一句传达统治者下达的重要信息。这看起来就像是在玩一个传话游戏：按顺序依次排列的公告员在人群中隔得越来越远，往往许多消息传到他们那里时就已经不成句了。

到了16世纪，街头公告员担负的职责就变得更多了。在英格兰，街头公告员也被叫作城市传令官，他们会喊出有关新市民诞生、葬礼、市集的日期甚至堆糖（一种大而圆的糖块，这种糖一直卖到19世纪末）出售的消息。在渔村，他们会正式宣布三文鱼的捕鱼季结束。但有时他们也要承担不那么愉快的任务，比如当要绞死罪犯时，传令官必须在聚集的人群面前一一读出罪犯的罪状。

不斩来使

传令官不是每次都会说好消息的。有的时候他们必须告诉整个村或城镇，上缴的税要增加，或者是由于干旱需要上交一定数量的蔬菜。这种时候，人们常常会向说出这类消息的传令官身上扔东西，甚至想要打他一顿。所以传令官是受到法律保护的，如果有人攻击他们，就会受到很严厉的处罚。统治者会定期提醒臣民，这些传令官是以他的名义行动的，他们不是下令者，只是传递信息的人罢了。

这不是厕所!

除了欧洲，美洲的秘鲁和墨西哥、亚洲的印度，还有一些非洲国家，在当地都有街头公告员。在德国的戈斯拉尔市，当地啤酒厂每次要从河中取水的前一天，都会有街头公告员走上街去大声宣告。平时这条河都被当地居民当成厕所，所以公告员就是要提醒市民们，在接下来的24小时里他们必须去别的地方解决生理需求，不然生产出来的啤酒就会变得浑浊且难喝。

铃铛和白色长裤

18世纪初，按照当时的传统，街头公告员们穿的衣服大体相同：金色与红色相间的大衣、白色紧身长裤、黑色皮靴和三角帽。许多公告员手中会拿着一个铃铛，要宣布重要的事情时，就使劲摇铃。在荷兰，公告员们更习惯用鼓或打猎吹的号角代替铃铛。在法国，公告员们则主要使用锣——一种需要用小棍打击的金属圆盘。

叮当 叮当

民间传说和小骗局

　　如今已经不再需要街头公告员或传令官了，但英国、加拿大和澳大利亚的许多城市，还会雇用一些人当街头公告员吸引游客观赏。21世纪最有名的街头公告员是托尼·艾普顿。这位老人在2010年被正式任命为罗姆福德小镇（距伦敦市中心仅20千米）的街头公告员。他曾在威廉王子和凯特王妃的大婚典礼、伊丽莎白二世女王钻禧纪念仪式和2012年伦敦奥运会闭幕式上担任传令官。尽管并不是英国皇室的官方传令官，但他非常喜爱皇室一家，在凯特王妃分娩当天，他都会在医院等候，并在医院的楼梯上大声喊出新生儿降生的喜讯。警察都不忍心赶走他。他的话语令人信服，所以多个国家的电视台都将他视为皇室雇佣的、按传统宣告王位继承人诞生消息的传令官。

　　2017年，艾普顿虽然并没有受到王室的雇用，但他主动出现，并大声宣布哈里王子和梅根王妃的订婚消息。在伊丽莎白二世女王打破纪录成为历史上在位时间最久的英国国王的那一天，他也出现在了白金汉宫。当然，他也竭尽全力地喊出了这个消息。

　　艾普顿受到许多人的喜爱，2015年他还出版了一本个人自传。

世锦赛的喊叫

城镇里的街头公告员也有专为他们举办的世界锦标赛，每年的举办地点在北美洲、澳大利亚和欧洲不定。评委们会对参赛公告员的着装、喊叫的方式——声音是不是足够洪亮、是否使用了合适的语气、音调是否能够传达愉悦或悲伤、会不会在碰到难发音的姓名时卡壳等方面进行评判。评委还十分看重他们是否使用铃铛，以及能多大声喊出自己要传达的消息。声音最洪亮的公告员是大卫·欣德，2013年时他曾喊出114.8分贝，这个声响堪比一台风动凿岩机了。

卢布林的街头公告员

波兰也有街头公告员，但如今除了卢布林城，可能没人还记得他们了。1990年，在卢布林，弗瓦迪斯瓦夫·斯特凡·格热布被任命为街头公告员，并在重要事件发生时将其宣告给卢布林市民。市政府十分青睐这位街头公告员，甚至会从市政府财政中为他拨出一小部分资金当作奖金。

信鸽

历史上最早的信鸽出现在古代波斯。因为人们发现，不管从哪个地方出发，鸽子都能飞回自己的家，于是他们决定利用好鸽子的这一特性。

在公元前24世纪的美索不达米亚地区，国王萨尔贡下令让传递重要消息的人时刻将鸽子带在身边，一旦被敌军俘虏，就把鸽子放飞。鸽子飞回王宫，就表明信使没能带着消息抵达最终目的地，需要再派遣另一个信使前往。

在埃及，人们会在船上把鸽子放飞，这是为了告诉主人，您的客人马上就到了——鸽子出于本能会飞向离得最近的陆地。在2000多年前的古罗马，人们会将军事报告绑在鸽子的脚上。当恺撒大帝攻打高卢时，就利用鸽子来传递消息。在古希腊，人们会让鸽子将奥林匹亚竞技冠军的名字送到遥远的城市。

1896年到1908年，新西兰的普通信鸽还有独属的邮票。从大堡礁到奥克兰，99千米的距离，信鸽只需要飞行50分钟就能完成。

大脑在工作中成长

我们今天仍不知道信鸽的大脑是如何工作的，也不知道信鸽如何完成飞越上千千米回家这样的奇迹创举。应该可以说，是因为信鸽有独特的基因，但这只说对了一半，它们大脑的可塑性也很强，通过不断练习，它们的空间记忆能力还可以进一步拓展和加强。

速度很快但距离太远

　　信鸽和汽车的速度一样快。800千米的距离，它们能以每小时80千米的速度飞完，当然在路上它们也会短暂休息一下。但它们还能从更远的地方飞回家。有一只鸽子曾经从非洲南部的开普敦飞行55个小时回到它在英格兰的家中，飞行距离超过11000千米，这也创造了一项世界纪录。

战争英雄

1870年至1871年，法国巴黎被普鲁士士兵围困，人们至今忘不了那些当时帮助法国市民的鸽子。当普鲁士士兵摧毁了电报线路时，巴黎与法国其他地区的通信只能靠热气球来完成。带有军事指令和私人信件的热气球从巴黎升空，但同一个路线的回信却十分冒险，因为出现在城市上空的热气球太显眼了。所以在热气球中除了要送的信件，还搭载了特别乘客——信鸽。正是它们携带着政府、军队的回信，还有最重要的、给被围困的全城人民的私人信件。

为了让鸽子能够携带更多消息，法国化学家勒内·达格隆发明了微缩胶片，它能将图像缩小40倍，而这样的一张胶片尺寸为6毫米×11毫米，一只信鸽可以携带20张这样的胶片。将这些胶片投射到屏幕上，有人员记录下其中的内容然后转交给收信人。

历史学家们一直争论，在巴黎被围期间到底用热气球传递了多少信件和报告，据说数量超过2500万，其中超过10万条信息是用微缩胶片传递的。

勇敢的雪儿阿美

世界上最有名的鸽子当属雪儿阿美（Cher Ami，法语，意为最好的朋友）。它是第一次世界大战期间为在法国作战的美国军队工作的600只鸽子中的一只。雪儿阿美（在法语里常被用作男孩的名字）是一只雌鸽，它曾在1916年的凡尔登战役期间传递了12条重要信息。它还在阿尔贡森林的进攻战中发挥了更重大的作用，创造了传奇。当时美国一个步兵营失去了与大部队的联系，无法告知指挥官自己所在的位置。他们不仅受到了德国人的炮击，同时还误受本国军队炮击，当然美国军队也不知道他们正在向自己人开炮。这个营一共放飞了3只带有求援信的鸽子，但都被德军打中了。美国人最后只剩下唯一的信鸽，没错，就是雪儿阿美。它的腿上绑有一个特殊的小信筒，里面装着一条充满戏剧性的信息：

> 我们在与坐标276.4平行的路上。
> 我方的大炮一直炮轰着我们。
> 看在上帝的分上，快停下，别打了！

德国人也注意到了这只鸽子，并试图将它打下来。雪儿阿美被打中了，它失去了一条腿和一只眼睛，而且胸部还受了伤，但它在25分钟内飞行了大约40千米，成功把消息送到并拯救了这个失联营队的194名士兵。由于在战争中做出的贡献，它被授予法国战斗十字奖章。后来它被精心照料，人们用轻巧但坚硬的木料给它做了一条假腿。当它展翅飞回美国时，将军们都向它致敬道别。

雪儿阿美是最著名的英雄战鸽，但它并不是唯一一个。在英国，从1943年起，所有在战场上或民间救助任务中做出特别贡献的动物，都会获得迪肯勋章。在这枚勋章被设立的前6年里，一共为54个动物颁发了勋章，其中就有32只信鸽！

用四条腿

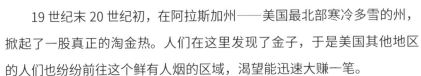

19 世纪末 20 世纪初，在阿拉斯加州——美国最北部寒冷多雪的州，掀起了一股真正的淘金热。人们在这里发现了金子，于是美国其他地区的人们也纷纷前往这个鲜有人烟的区域，渴望能迅速大赚一笔。

当时的阿拉斯加州并没有做好接收这么多新居民的准备，尤其是在陆地内部，离海岸较远的地方甚至都没有路，而且这时的气候也是最恶劣的。从 10 月开始到第二年的 5 月，一些地区邮局是不提供服务的。在金矿工作的人们只能一边等待着回信，一边想办法在下完雪后将书信带到几百千米之外。人类最好的朋友——狗的到来为他们提供了极大的帮助。狗拉雪橇能够非常迅速地跑完很远的距离。一整天下来它们能负重奔跑 80 多千米，如果雪橇上是空的，那它们一天甚至能跑上 180 千米。

狗狗邮局从 1910 年运营到 1930 年。在那之后，才有小型飞机取代了它。

鲁道夫和它的背包

在19世纪末，驯鹿邮局开始在阿拉斯加州运营。之前驯鹿在为金矿工人拉工具时就已经证明了自身的能力，于是人们开始用它们来运送包裹。

驯鹿跑的第一条线路是从圣迈克尔到科策布，总长380千米。在路边，人们设置了停靠点，有点像古罗马的驿站，每50到70千米，就可以把雪橇换由另一批精力充沛的驯鹿拉。停靠点的工作人员把雪橇从这些精疲力竭的驯鹿身上换下，并精心照料它们，然后再交给下一批到来的送信员。

由于推行了驯鹿邮局，从瑟克尔城寄出的包裹只需6天就能送到1400千米外的阿拉斯加州州府朱诺。

有一种叫普卡的雪橇，一次能搭载100到150千克重的货物。

其实驯鹿并不是最理想的"送信员"。它们的速度不是非常快，也不像马儿或狗那样好操纵。20只驯鹿拉的雪橇一天最多也只能跑25千米，这比狗拉雪橇可差了好几倍。但驯鹿有一个巨大的优势：不用在雪橇上带着它们的食物。因为驯鹿自己就能沿途找到苔藓、蘑菇、树叶或植物嫩芽来吃。

袋鼠里的骆驼

　　20世纪初，在澳大利亚，邮递员骆驼曾行走过从乌德纳达塔到艾丽斯斯普林斯全长520千米的路线。这些骆驼是在19世纪时从深受英国殖民统治影响的地方，比如今天的巴基斯坦和阿富汗，运到澳大利亚的。人们把这种动物引入澳大利亚，并不仅仅是为了送信，它们最重要的任务是运输沉重的修路或修桥的材料。骆驼们将这个任务完成得很好，毕竟它们强壮有力且易操控，而且可以整夜前行，甚至不需要喝水，这在条件艰苦的环境下可是十分省事的。

1929年，乌德纳达塔到艾丽斯斯普林斯之间修建了铁路，骆驼们也因此停止了邮递员的任务。当然也不再需要运输修补道路、桥梁的原材料了，火车和汽车替代了骆驼。于是当时大多数的骆驼都被放生，重获自由。它们很享受这样的生活，开始大量繁殖，如今在澳大利亚还有上百万只骆驼。不过这也引发了许多问题，它们会吃当地动物吃的草，并占据它们的栖息地。骆驼们还会闯入农民的牧场，破坏栅栏和水井。

信件、明信片……但是为什么呢？

今天，当电子邮件和电话能解决大多数沟通问题时，很难理解，信件对于人们来说还有多重要。

在没有网络，甚至还没有电话、电报的时候，信件往往是传达重要消息或者爱意的唯一方式。

写信的艺术，也叫写信的技巧和原则，在过去许多世纪里一直受到高度重视。练习优美的笔迹，使用钢笔和墨水，选择合适的纸张和信封，常常还要精美装饰。恋人们会在将信件寄出之前给它喷上香水，这样收件人好像能感受到深爱的人就在身边。信件本身的形式也同样重要，它们是真正的杰作、情诗和超凡的思乡之情的表达。

士兵、旅行家、在外求学的年轻人都会写信，他们只有通过写信才能向家人传达消息。邮局还会邮寄官方公文，商人也可以通过这种方式提交报价。大公与国王也可以以书面形式宣战和应战，不过他们的信件都是由王公使臣寄送，而不是邮局的邮递员，邮递员们通常都是带着一大包包裹。

充满诗意的小虫子

古老的书信可是历史学家的重要文献。可以说从那些信件中，我们可以看到遥远年代的古人生活都是怎样的，那时人们都吃些什么，以及旅游和居住的情况。

著名人士的信件常常会出版成书籍。比如说非常有名的波兰国王扬三世·索别斯基和他心爱的妻子玛丽之间的信件。

要说数量多的，诗人齐格蒙特·克拉辛斯基曾给他心爱的女人德尔菲娜·波托茨卡写了5000多封信。他在信里面不只写与爱情相关的诗句，还写像晾晒虫蛀的衣服这种日常小事。

诗人尤利乌斯·斯沃瓦茨基在巴黎时写给母亲的信，也十分有名。他在信中谈到了他的朋友、对波兰的思念、在法国游览的地方，但最多的还是写他是多爱他的妈妈。

在18和19世纪，书信体小说——用写信的形式写出来的小说，广受人们喜爱。其中最有名的一部，也曾多次被改编成电影的，就是布拉姆·斯托克写的《德拉库拉》。

五颜六色的明信片

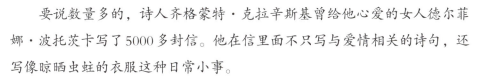

19世纪下半叶，明信片广为流行。它看上去就和你今天在海边或者山上能买到的一样。一面写收信人的地址和简短的信息，而另一面则是寄信人曾经游玩过的地方的照片。明信片上最常写的是人们旅行时的问候，展示着有趣的建筑和美丽的风景。在还没有电视和网络的年代，这就是给亲朋好友看沙滩、山峰和罗马大角斗场最简便的方法。在欧洲和美国，有一些人对明信片极度狂热，他们会把明信片收藏在卡册里，在交易所交换，还会在拍卖会上拍卖。

没有风景照的明信片叫通信卡片，它的一整面都是专门用来写信息的。寄通信卡片，也是为了传递简短的消息——在大多数国家，这种卡片上的邮票价格比信封上的邮票价格更低。在邮局也可以买到提前印好邮票的卡片。

当有人过生日或命名日时，应该送画着花的明信片，过圣诞节的时候要送画着圣诞树或天使的明信片，而在过复活节时则要送画着小兔子或复活节彩蛋的明信片。

通信的秘密

信件是写信人和收信人之间的一种对话方式，这种对话往往是很私密的。今天，寄信时都是将写好的信装在一个密封的信封里，而在过去的几百年里，人们只是简单地将信纸对折，遮住写好的文字，再用熔化的蜡封口，并盖上印章，这样要想打开信件，就不可能不留痕迹。有的时候在蜡印中还会额外印上一段绳子。在16世纪，欧洲人以火漆取代了蜡，这种火漆是由树脂、生石膏和其他几种物质制成的带有光泽的红色混合物。有的时候人们也会使用纸质信封，直到1845年信封都是手工制作的，所以比较昂贵，只有富人或者有许多秘密要隐藏的人才会购买。这种手工纸质信封很少用来装信件，更多是装钱。

然而，哪怕是用尽方法努力做到万无一失的信，在整个寄送过程中寄信人都不敢确定他写下的话语永远都是秘密。到了18世纪，在大多数欧洲封建君主制国家里（包括波兰），信件都被认为是收信人的私人财产。所以如果收信人想要将信的内容大声读出，或印刷并挂在墙上，或传给其他人看，他完全有资格这样做。即使在信的末尾有"请让这些话只存在于我们二人之间"这样的句子，也无法要求收信人保守秘密。

但今天，波兰宪法保护公民的通信隐私权，一旦有人破坏了它就是犯罪。

审查

　　在特殊时期，政府会对信件进行审查。在人民波兰时期，也就是从第二次世界大战最后几个月开始一直到1989年，政府一直对通信文件随机抽查。一些信件、电报和明信片都会被折开阅读。在战时，也就是1981年到1983年期间，政府对信件的审查最为仔细，检查的信件数量惊人。

　　在这些信里他们要找什么？首先就是泄露国家安全的信息和反对政府或执政党的信息，还有到处分发的传单、禁书、反政府的阴谋。当然也要找这样的信息——波兰人对政府和国家形势的看法，比如他们都怎么评价排队买肉这一现象。战争爆发前，经过查阅的信件和包裹会被重新封好，假装从来没有人拆开过。在战时状态下，审查得到官方正式批准，信件和包裹最后到收信人那里时直接就是打开的状态，上面盖有红戳"已审查"。当然，只有获得这样标识的信件和包裹才被认为是安全无害的。所有经抽查发现有潜在危险的信件和包裹，都会被没收，然后再也不会寄到收件人那里去。收件人想要拿回的话，可以参加听证会，解释信件和包裹的内容。

从邮局到宫殿

在第一批组织有序的现代货运企业中，有这样一家家族企业。该企业最初由来自意大利贝加莫城的阿梅德奥·塔索创建。1290 年，他和他的 32 个表弟一同设立了信使联盟，在米兰、威尼斯和罗马三个城市间送信。

塔索一家也会为教皇和王室送信，服务良好，所以在整个意大利，不管这些信使或者邮递员来自哪里，他们都开始称自己为"贝加莫使"，这个名字就取自贝加莫城。

在接下来的几百年里，这个家族的成员获得了公爵爵位，然后成了为国王服务的大公，只有他们能将信件寄送到欧洲大部分地区。不过这些地区并不包括波兰。

在博娜王后（这位嫁到波兰的王后来自意大利）去世后，她的儿子齐格蒙特·奥古斯特试图收回母亲生前带到意大利的财产。整个事件情况复杂，所以需要不断与身在罗马和那不勒斯的律师联络，有的时候还要向在马德里和维也纳的律师收寄文件。齐格蒙特国王需要的不仅是要让信件以最快速度到达收件人那里，同时也要确保没有任何人能够在送信的路上读到它或把信偷梁换柱。

当时波兰的首都还是克拉科夫。所以从克拉科夫经过维也纳到威尼斯开设了第一条"固定邮递线路"。1558 年 10 月 18 日，国王亲签的文件上还写着"感谢邮局、驿站快马"的字样。邮局的负责人是意大利人普洛斯彼罗·普罗瓦纳，他不仅为王室送信，还为贵族和与意大利有利益往来的商人提供服务。

这家邮局在普罗瓦纳管理下运转良好，于是被急于拓展业务范围的塔索家族盯上，他们想要将业务发展到全欧洲来赚更多的钱。普罗瓦纳并没有轻易屈服，但塔索家族想出了一些阴谋诡计谋算了好几年，最终普罗瓦纳失去了邮局的工作，邮局的负责人也在 1562 年变成克里斯托弗·冯·塔克西斯。后来，许多人惊讶地发现，作为最高机密的王室包裹竟落入了一个与哈布斯堡家族的皇帝有关联的人手中，波兰曾多次与他作战，毫无疑问，他当然想得到这些秘密文件，看看里面到底写着什么。

也正是从那时开始，"波兰邮局"这个名称被第一次使用，直到今天，在邮票和邮局大门上还能看到这个名称。

两年后，塔索家族失去了运送波兰包裹的权力。国王认为，他们并没有很好地履行职责。紧接着另一个意大利人接替了克里斯托弗的职位，但"波兰邮局"这个名称却一直被保留了下来。

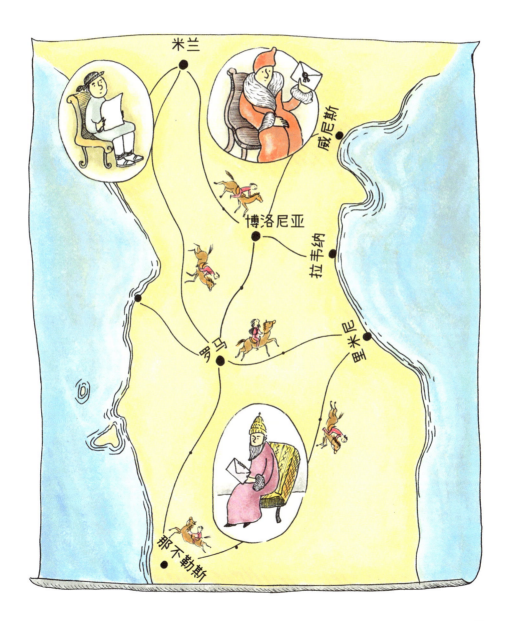

火车邮局

几乎可以说当火车一被发明出来，人们就开始用它运送包裹了。在一些国家的客运火车上会设置邮政车厢，火车开动时就在车上将信件分好类并贴好邮票，这样大大节省了时间。1838 年，邮政人员第一次在英国的火车上完成了这项工作，邮政车厢是由之前运送马匹的车厢改造的。

不会堵车的地下邮局

"抱歉我迟到了，路上太堵了……"这样的话，听起来是不是很熟悉？没错！在20世纪初，美国城市芝加哥的街头就拥堵不堪。1906年，人们决定通过以前运输煤炭的地下管道来运送信件。于是，他们开始建造连接邮政点和客运火车站的管道。然而负责这些管道运营的公司却不能将包裹准时送到。而且后来，延误现象越来越频繁，两年后邮局便退出了合作。

然而这个试验给英国政府带来了启发。英国的邮政也常因堵车而无法按时运送包裹，于是在1911年，政府决定修建邮政地铁。这条地下窄轨电

力火车线于1927年开始通行。线路全长10.5千米，从一个大型邮件分拣中心通往另一个。整条线路一共有8个站点。这条火车线采用无人驾驶技术，而且不会妨碍人们搭乘的普通地铁线路。事实证明，伦敦的邮政铁路运行良好，并一直运营到2003年。

动物园线

在波特兰的俄勒冈州动物园里有一条拥有60年历史的窄轨铁路。在这条名为"动物园线"的线路上运行的火车，车头的门上都有一个邮箱，而且每列火车上都有一个邮政窗口，里面有工作人员服务并会给信件盖上特别的邮戳。"动物园线"全程1.6千米，行驶时间不到6分钟，所以要想把自己的信或者明信片寄出去，必须抓紧时间。

给健忘人士的钥匙

如果你着急邮寄一样东西，而且寄出的地方和收件人所在的地方之间有直达火车通行，那么你就可以寄"乘务员包裹"。你把包裹带到站台，然后交给乘务员，到了另一个城市，收件人就可以亲自在站台上拿到包裹。一般采用这种快递方式的人，都是希望寄送的文件或礼物能够在既定日期前送到收件人手中的。当然，有时也会有人寄送装着钥匙的小包，因为有些人忘记带钥匙，没办法进家门了。

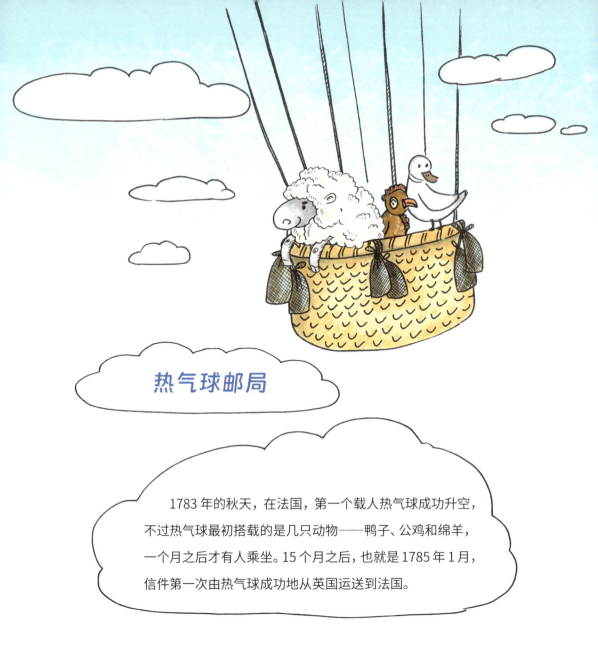

热气球邮局

1783 年的秋天，在法国，第一个载人热气球成功升空，不过热气球最初搭载的是几只动物——鸭子、公鸡和绵羊，一个月之后才有人乘坐。15 个月之后，也就是 1785 年 1 月，信件第一次由热气球成功地从英国运送到法国。

这个热气球从英国海滨度假胜地多佛起飞，按计划降落在英吉利海峡的另一侧——法国加来附近 34 千米处。落地后信件就被带到最近的邮局，然后送给收信人。

但是用这个方法寄送信件，仍然存在许多不足。热气球常常会改变方向，一旦遭遇大风，就会远离本应该降落的地方。无人乘坐的小热气球有时会挂在高高的树枝上，因此导致信件永远都到不了收信人的手中。

海员和体操运动员

　　100多年后，对热气球的需求急剧上涨。在1870年普法战争期间，就是靠它们才将信件运到被围困的巴黎。当时邮局无法往外寄信，火车也不准通行……所以人们开始秘密制作邮政热气球，并设法用它们完成了66次寄信任务。这些热气球由经过快速培训的志愿者掌控，他们中很多人都是海员，懂得如何选择风向，分得清世界的方位，并会阅读地图，等等。体操运动员也因他们瘦小的体形受到青睐，因为他们能让热气球在不超重的情况下装更多信件。据一位曾操纵热气球飞行的"司机"讲述，他在空中一共待了3个小时，同行的还有2位飞行员，篮子里装有政府和军方的信件，以及8只应带着信件返回巴黎的信鸽。这个热气球后来幸运地降落在了比利时。要想使被围城市保持与国家其他地区的联系，信鸽就至关重要了——而这，你在前面的"战争英雄"篇已经读到了。

来自总统的一封信

1793年，法国发明家、热气球狂热爱好者让－皮埃尔·布兰查德在美国成功完成北美洲第一次热气球飞行。这次飞行跨越了超过20千米的距离，飞越了宾夕法尼亚州和新泽西州的界河特拉华河。美国总统乔治·华盛顿观看了这次飞行。在起飞前，华盛顿总统交给布兰查德一封私人信件，热气球应该降落的地方就属于收信人的个人财产。这件事也被写入了历史书中，这封信被称为美国第一次成功投递的航空信件。但可惜的是，这封信的内容并没有被保存下来。

热气球生意

在美国，热气球邮递广受欢迎。曾经有段时间，甚至会为用热气球运输的信和卡片印刷专门邮票。1877年，在田纳西州的纳什维尔，一共印刷了300张5分面值的邮票，但最后只卖出了区区23张。

在英国，医生皮埃尔·韦斯比也试图通过热气球寄信来赚钱。他的公司负责用热气球从英国海边运送信件到爱尔兰首都都柏林。然而他并没能按预期那样在这上面发财。

波兰人的足迹

两次世界大战中间的约20年里，在波兰，通过举办热气球比赛，至少用热气球寄送了20次信件。正因如此，集邮爱好者可以将收到的有热气球邮寄专属邮票的信件作为收藏品。

"一战"时，45年前在巴黎发生的一幕在普热梅希尔城重现，人们用热气球寄送军事指令和其他信息——这些绝不能落入敌人手中。

闹钟、轮子和剃须刀

1956年，美国人开发了可以说是热气球最不可思议的新用途。在当时的波兰，所有和美国有关的东西都被视为危险可疑的，并处在监控之下。为了能在这些国家散发批判苏联人的传单，两个来自美国美尼亚波利斯城的工程师对从自行车上卸下来的轮子、剃须刀片和闹钟进行了改造。他们将装有传单的小袋子以同等间隔绑在轮子上。当风将带着轮子的热气球吹到目标国家的领土上空时，闹钟会响铃，并使得绑在轮子上的小袋子倾斜，剃须刀片就会划断袋子上的绳子。传单就从袋子里飘洒向地面。一个具有这样装置的热气球甚至可以携带10万张传单。

航空邮政

大多数人应该都希望自己的信件以最快的速度送到收件人手里。所以,当飞机一被发明出来,我们就应该能想到,未来乘坐它的不只有人类,还有信件和各种包裹。

美国和印度率先使用飞机运送信件。几个月后,在英国国王乔治五世加冕典礼前夕,定期航空邮件线路开始在英国正式运行。往返伦敦的亨顿郊区和温莎之间的16架次飞机,共运送了35袋祝贺信件。然而之后不到一个月,航空邮政业务就被暂停了,因为飞机常常晚点,或因天气恶劣而取消航班。

航空信

信、信封和邮票合三为一?不错,能够做到这一点的就是航空信,它被这样设计就是为了使重量可以尽可能地轻。

如果你去邮局寄一封信,它会立刻被仔细称重。信件越重,需要买的邮票也越贵。通过航空邮递的信件,信件的重量和厚度都至关重要,因为飞机的承载量是有严格限制的。

航空信由此诞生。其实它就是一张薄纸片，和吸墨纸差不多，整张纸一般会折成两到三个部分。在中间的地方，也就是折起来之后看不见的区域，可以写字。第二面，外面的那一面，就作为信封封面使用。然后将三面都粘好（一般边上已经粘好胶水了），最后在第三面上写下地址。许多国家在航空信上会直接印上邮票，这样可以减轻1到2克的重量，而且也方便分拣，机器更容易将信件自动分到对应的箱子里寄走。一般来讲，航空信上的邮票会比普通邮票更便宜一些。但是航空信也有诸多限制，比如说不能写很长的内容，不能在里面夹照片或明信片等。

　　航空信在"二战"期间十分普遍，当时用飞机运送了大量的航空信件和军事报告，飞机甚至供不应求。

　　不论生活在哪块大陆上的人们都开始越来越多地使用航空信，尽管战争很早就结束了，航空信的受欢迎程度却一直在不停上升。直到踏入21世纪后，航空信才开始慢慢消失在人们的视线中，因为网络的发展让我们越来越少写信了。2012年，英国的邮局开始停止航空信业务，但在澳大利亚，它还一直受到人们的喜爱。

飞艇邮政

硬式飞艇是一种体形庞大的气球，里面充满比空气还轻的气体，内部有刚性骨架支撑，同时用发动机来提供动力。有的飞艇上可是会设有真正的邮局哟。

世界上第一艘硬式飞艇是在1900年由德国伯爵斐迪南·冯·齐柏林研制的，所以硬式飞艇也常被称作"齐柏林飞艇"。

用飞艇运送信件或军令（特别是在"一战"期间）并不是什么稀奇的事儿。然而，在飞艇上面也设立了真正的邮局，可以运送包裹并给它们贴上邮票。许多国家会给飞艇邮寄印发单独邮票。有一些是印有"齐柏林"字样的邮票，但也有一些邮票是经过特别设计的：希腊的邮票上面会展示飞艇飞过雅典卫城的图像，而意大利的则是飞艇飞越罗马的塞斯提伍斯金字塔的图像。

飞艇取得的最伟大的一次成就是在1929年完成了环球飞行。飞行一共持续了29天，在飞艇上也装载了一些信件——可能它们也是唯一一批有过环球飞行经历的信件吧。

火箭邮政

还可以用火箭发送信件？有什么不可以的呢？人们早在一个世纪前就尝试这么做了。

1902年人们在汤加群岛第一次尝试用火箭发送信件，但发射的弹头飞得随心所欲，完全不受控制，四散出来的包裹也很难重新找回。许多包裹就这样永远沉在了海底。

人们普遍认为火箭邮政的开端是在1931年，当时用火箭从奥地利的一个城市向另一个城市发射了102封信件。

1934年，在印度，火箭开始不只被用来运送信件，它还装载了第一个包裹！这是为了帮助那些因洪水袭来而与外界联系不上的人，他们迫切地等待着来自亲友的消息。

20世纪50年代，几个对用火箭寄信抱有强烈期待的火箭爱好者成功进行了实验。他们用火箭将信从加利福尼亚州，越过科罗拉多河，寄到亚利桑那州。在这个有硫和锌混合的自制机器中装满了写好字的卡片，卡片在火箭内部飘来飘去。

在波兰，从1960年开始，克拉科夫的工程设计师就一直进行火箭邮递试验。他们试验的场地是在远离公路和建筑物的勃文杜夫荒漠。在第一次试验中，共发送了600件包裹，但只有228个没被损毁。

虽然火箭邮政一直没能像其他邮递方式一样受欢迎且被普遍应用，但太空火箭却在邮政史上留下了它独一无二的印记——许多国家都发行了与宇宙探索相关的美丽邮票，一个全新的集邮群体——天文邮票爱好者就这样形成了。

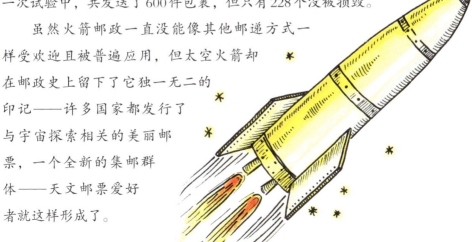

气动邮政

1836 年，苏格兰工程师威廉·默多克向世界展示了一个实验：一个小容器通过管道能够在建筑物中穿梭。这个容器是圆柱形的，两端略宽，被压缩的空气推动向前。当时人们只觉得这是个有趣的新鲜事儿，并不认为它会带来什么经济效益。直到 17 年后，伦敦证券交易所和电报局之间的气动邮政引发了全世界的关注。

一刻千金的消息

股票经纪人，也就是在证券交易所买卖股票的人，需要分秒必争，他们要以最快的速度收到或传出消息，哪些股票的价格涨了，哪些跌了可以买了，以及他们在走廊都听到了什么小道消息。经纪人的成功与失败就取决于这些信息，所以收发电报的速度对他们来讲就是一刻千金。

伦敦人对这种新式邮政大加称赞。1863 年，在尤斯顿火车站和西北大街的邮局之间就建成了一条500米长的坚固管道。不到一分钟里，装有35袋信件的包裹箱就能"走"完全程。1866 年，甚至还有人尝试过用这种气动管道运输人！

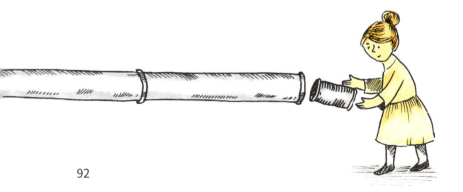

花都活下来了，猫猫也是

纽约的气动邮政路线最开始只有1000多米长。不过1897年它的正式运行可是件大事，当时参议员昌西·M.迪普现身中央邮局，并亲自发出了第一件包裹。那么这件包裹里都有些什么呢？其中有：用美国国旗包着的《圣经》和《美国宪法》。3分钟之后，迪普就从在目的地邮局等待的人那里收到了回信：一篮美丽的紫罗兰花。

在接下来的测试中，人们还用这个邮政系统运送过一只猫，它从容器里出来时虽然晕头转向的，但并没有生命危险！

都是洪水惹的祸

柏林的气动邮政线路总长有400千米，这个数字在巴黎则达到了467千米，在捷克首都布拉格，气动邮政线路的长度虽然只有55千米，但气动邮政的历史最为悠久，因为它直到2002年才终止运营。如果不是洪水摧毁了城市街道路面下的大部分管道，它可能仍然可以继续运行下去。几年前，一名捷克富商买下了已不再投入使用而且都生了锈的气动邮政管道，声称会将其整修一番，并改造成旅游景点。只是在说完这句话之后，他再也没有采取任何行动。

气动邮票

意大利还发行了特殊的气动邮票，用气动管道运输的包裹必须贴上这种邮票才行。紧接着，在奥地利、法国和德国都印制了符合气动邮政容器收纳形式的信封和明信片。

通向实验室的管道

如今，气动邮政已经被网络取代，但并不是所有地方都是这样的。气动管道传输系统在医院里被应用得越来越普遍，因为这样方便派药、运送血液和各种提取物。通过这种方式，护士、检验员还有其他相关人员可以节省大量时间，而且不会耽误工作，他们不用频繁来往于各科室，也不需要再等电梯，这个时间他们可以用来照顾病人。

在新西兰的一家咖啡馆，有一条加压管道可以将食物直接送到餐桌上。有家日本餐馆也使用了这种方法。在美国的明尼苏达州，有一家麦当劳也开始利用气动管道将打包好的外卖从准备台送到停车场中央的顾客取餐点。

气动管道也被应用于亚洲国家和美国的几座机场，用途主要是向需要紧急维修的飞机运送小型备件。美国国家航空航天局（NASA）也在宇宙飞船控制中心安装了这样的管道。

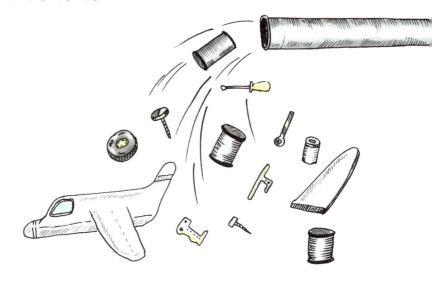

拿着吸尘器的小偷

气动线路也被广泛应用于银行和超市，主要用来把钱放进收银机或从收银机里把钱取出来。看上去，这似乎是转移钞票最安全的方法，但小偷们却能够瞒天过海地取出钞票！"吸尘器帮"——法国报纸如此称呼这群小偷，在4年间（从2006年到2010年）从巴黎和其他法国城市的超市中偷走了60多万欧元。小偷们的手法很简单：把里面有气动线路的墙壁钻个孔，然后用普通的家用吸尘器就能把里面的钱吸出来！

世界上最奇怪的邮局

在鱼尾巴里的邮局

第一个水下邮局是在2003年建成的，它位于大洋洲上由数十个小岛组成的国家——瓦努阿图的一座小岛上。瓦努阿图以它美丽绝伦的珊瑚礁和世界各地收藏家都梦寐以求的精美邮票而闻名。水下邮局的窗口有会潜水的工作人员提供服务，当然他们会带上氧气瓶和面罩。

寄信人可以在陆上买到防水明信片，但要想在上面写祝福或问候的话语，墨水是不能用的，因为用它写字就会变模糊，不过还是可以在明信片上盖一个专属印章。然后下潜3米，会看到一个小屋子，里面可以买到——没错——特制邮票。

要想找到通往邮局的路，完全不需要问海鱼，因为在水面上立着一面指示水下邮局位置的旗子，从它旁边潜下去就可以了。

如果你只是单纯地想把明信片寄出去，不想麻烦窗口的工作人员，你可以直接把它投入一个位于水下10米的坚固邮筒里。在日本渔村周参见町就有这样一个水下邮筒，并且它还保持着"世界最深邮筒"的吉尼斯世界纪录。这个小镇上的潜水商店的老板每天会把邮筒清空一次，把里面的明信片送到陆上的常规邮局。在那里，工作人员会贴上邮票并将明信片送向更远的地方。

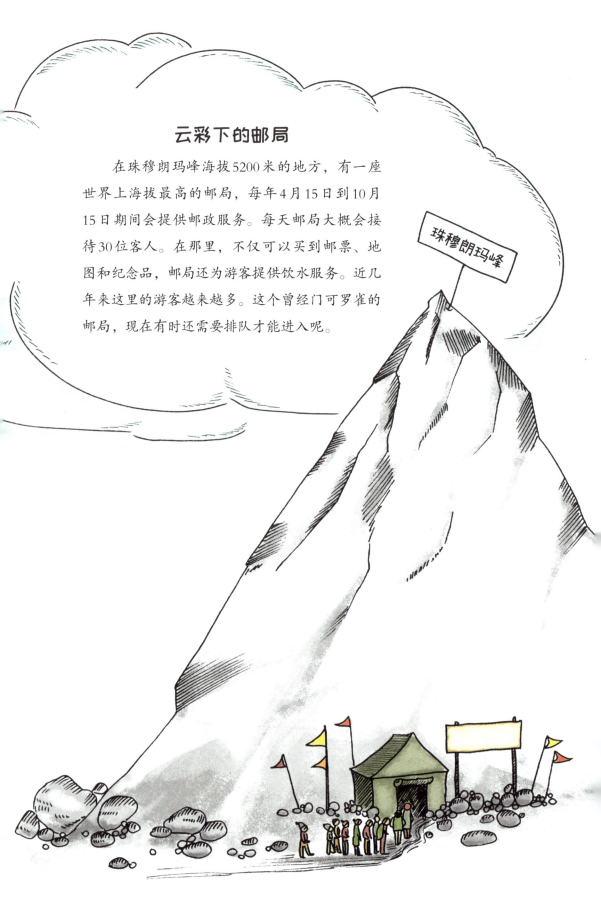

云彩下的邮局

在珠穆朗玛峰海拔5200米的地方，有一座世界上海拔最高的邮局，每年4月15日到10月15日期间会提供邮政服务。每天邮局大概会接待30位客人。在那里，不仅可以买到邮票、地图和纪念品，邮局还为游客提供饮水服务。近几年来这里的游客越来越多。这个曾经门可罗雀的邮局，现在有时还需要排队才能进入呢。

珠穆朗玛峰

为了 34 个人（和狗）

你知道私人国家是什么意思吗？这是一种"微国家"，他们宣布独立，但不被任何政府或主权国家承认。"摩洛希亚共和国"就是这样一个国家，它有34个公民（在这里除了人，把狗也算上了！），他们生活在美国的内华达州。这个具有自豪感的国家有自己的邮局，两个电话亭，还有自己的邮票。但除了摩洛希亚，

世界上没有任何一个国家承认它的邮票，所以他们只能向踏上他们微小领土的人寄送信件。

在太空中

第一间太空邮局是由苏联人在1970年设立的。中国人在2011年也开通了太空邮局，它位于距离地球表面约343千米的天宫一号飞行器上。这个飞行器还承担实验室的功能，太空飞船与天宫一号对接，这样宇航员们可以进入这架飞行器中。信件也会送到飞行器上，只不过它们都并非实体：它们都是以电子邮件的形式被发送到天宫一号上的一台计算机里，再从那里寄回到设立在地球上，位于中国首都北京的独特的太空邮局。在这里，工作人员将信件打印出来，把它们装入信封，贴上哪里都买不到的特制邮票，再盖上一个专属太空邮戳，然后寄给收信人。2018年，天宫一号坠入了地球大气层并烧蚀销毁，太空邮局也就此停止了运营。

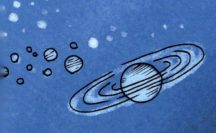

北京

以龟的速度

在加拉帕戈斯群岛中的弗雷里安纳岛上有一个邮局海湾，海湾名字的由来正是因为这里的邮局。跟其他邮局不一样，这里的邮局全靠人们的彼此信任和善良维持运作，因为它是完全免费的。但注意了！这个邮局只适合那些不着急的人。早在18世纪，这里就有邮局了，它最早出现在1793年詹姆斯·科尔内特的捕鲸船地图上。设立这间邮局的正是那些常常一出海就好几年的捕鲸船员。他们从美国或英国出发，途经弗雷里安纳岛，在这里停靠休息，补给水源和食物。某一天他们开始给家人写信。他们写下了收信地址，但并没有贴邮票。这些信就留在这里，等待着下一艘回国的船将它们取走，然后带到他们思念很久的母亲和妻子身边。

今天，这座邮局也以同样的方式运作着。从世界各地前来的游客将未贴邮票的明信片和信件扔进用旧木板做成的邮筒里，这些明信片和信上写有收信人和寄信人的名字。许多人来弗雷里安纳岛就是为了寄一封信，看看它多久才能到达收信人手中。当然也会将别人寄出的信件带回到自己的国家。

岛上的导游，有时还有一些其他的志愿者，会将数百封信件分好类。然后他们会询问来岛上的游客，他们是从哪个国家来的，然后交给他们一部分明信片和信封。游客们可以在里面找一找，然后选出那些收件人的地址和自己居住的地方离得很近的信件。他们可以像过去几个世纪人们一直做的那样，亲自把信件送给收件人，或者购买本国最便宜的邮票，然后把信件投递到邮筒里。

对许多人来说，这种寄信方式往往可以成为熟悉周围人的契机。关于加拉帕戈斯群岛的聊天话题就这样变成了一段友谊，甚至是爱情的开始。

第五章

不只有文字

在洞穴壁上

在 100 多年前,也就是 1903 年,在西班牙北部的卡斯蒂略洞穴,人们发现了世界上最古老的洞穴壁画之一。上面画有野牛、鹿,还有指纹和手印。这些痕迹大约形成于 4.1 万年前。

科学家们一直对一个问题争论不休,那就是这些壁画到底是智人的杰作,还是生活在约 4.1 万至 4 万年前的尼安德特人留下来的?直到不久前,人们仍坚持认为,这个人种没有留下任何图画作品。但最近人们发现,尼安德特人可能要比智人有创造力得多!在西班牙,人们考古发掘出了贝壳,尼安德特人用它来保存颜料,还发掘出原始雕刻用的凿子以及带孔的管状骨器,这很有可能证明尼安德特人是世界上第一个开始吹奏乐器的人种。

3000 千米外,在印度尼西亚,尼安德特人从未来到过这片土地上。不过就在这里的苏拉威西岛上,荷兰考古学家、旅行家克莱门汀·希伦－帕尔姆发现了包括奔跑的动物、狩猎的场景和指纹图案的壁画。不过留下这些指纹的手,不是

尼安德特人的手，而是智人的手，这
是板上钉钉、毋庸置疑的。经过多年
的研究可以证实，这些壁画至少有4
万年的历史，所以它们跟西班牙的那
些壁画差不多是在同时期形成的。更
有趣的是壁画的内容、样式也都十分
相似。

为什么画动物？

科学家们也搞不清楚，为什么我们的祖先要在岩石上画动物的形态。有一些人认为，这些图画只是为了点缀岩壁，使它更美观——就像我们现在装饰自己的房间那样，往墙上挂幅画或者贴墙纸。另外一些人则主张，这些图画具有魔法的意味——把动物画上去，人们就能够控制它们。还有一部分学者说，在太阳光无法到达的、黑暗幽深的洞穴长廊里画动物，是为了让人们在这里祈祷。当然，也不乏理论称，这些壁画是一种编年史，或是给其他猎人的信息："看啊，我太勇猛了，已经捕获了三头水牛。"或者它们也有可能是留给后代的口信："我们就是这样狩猎的，我们的猎物和武器就长这个样子。"

是谁的手？

学者们不仅讨论这些壁画上都画了些什么，还会讨论为什么在石壁上会留下指纹和手印。一部分学者主张，这些都是画家们留下的"签名"，另一部分人则说，指纹就和今天房子大门上贴的铭牌一样，为了表明谁住在这个洞穴里或住在这个洞穴的这个区域。后来人们突然发现，这些都是男人的手印，所以，大概是这些人打到猎

物后会在洞壁上画下他们的狩猎成果，然后把手掌印上去，就好像是击了个掌。但有考古学家在仔细研究手指长度后发现，其实大部分手印的主人都是女人。所以很有可能，是她们在岩壁上画下了各种图案。不过，还有一些研究人员坚称，岩壁上这些旧石器时代的手印大多是处于青春期的男孩们留下的。

地下画廊

　　我们的祖辈们为了在岩石上作画，克服了重重困难。举个例子：法国的肖维岩洞位于地下深处，所以肯定没有人在那里居住过。尽管如此，岩洞里还是出现了大片的图画，上面画着蝴蝶、狮子、猫头鹰，还有战斗的犀牛，等等。哦，当然，也少不了各种手印，上面足足有92个呢。

不过要说最著名的壁画，那不能不提法国的拉斯科洞窟壁画，它是旧石器时代（距今2万年以前的绘画遗迹）。其实拉斯抖不能算作洞窟，更像是一个艺术画廊：里面一共有150幅图画，大约15000个标记和岩刻。这些画的作者们使用的都是自然颜料，红色、黄色、黑色、淡紫色、棕色，还有绿色。这些颜料的原材料有木炭、干枯的植物、金属氧化物等，将它们磨碎后加水就能做出需要的颜料了。拉斯科洞窟壁画最令人着迷的地方就在于，绘画者既懂得活用岩壁表面起伏的线条画出动物的图案，同时又能强调石头本身的形状。

这些画家们用浸染颜料的手指和叶子作画，但他们也有用动物毛做成的画笔作画的时候，当然还有——非常有可能的——梯子，登上它，人们才能在洞穴顶部画画。

发现者的艰难命运

马塞利诺·德·桑图奥拉是一名律师，他在西班牙拥有一块土地，就是在这块土地上，他发现了阿尔塔米拉洞穴。这个喜好考古的业余人士4年里都在仔细研究这个洞穴，但从来没有注意到洞穴顶部岩壁上的大量岩画。直到有一天他5岁的女儿玛利亚看着洞穴顶部，大叫："爸爸，野牛！"就这样，这个小女孩成了欧洲第一个发现岩画的人。

1880年，桑图奥拉为了展示这一惊人发现，前往里斯本参加了一次考古会议。但和预期的声名大噪不同，大家都不相信他，还指责他是撒谎骗人。

　　许多学者都说，这些五颜六色、保存完好的动物图画肯定不是真的，因为石器时代的原始人根本做不出来这么美丽的东西。有一些文章称，桑图奥拉是雇了造假画师在洞穴里画的这些图画。

　　直到20世纪初，当其他一些洞穴接连被发掘时，人们才承认，那些美丽非凡的图画都是真的，并将阿尔塔米拉洞穴列为重大发现。那些曾经说桑图奥拉是骗子的人，纷纷在报纸上发表了道歉信。但桑图奥拉已经看不到了，他在1888年就已经去世，在世时一直都被认为是撒谎的骗子。

岩刻

人们不仅会在石头上作画，还会在上面刻各种符号，有时甚至刻出一部短篇小说。这些刻在石头上的符号就叫岩刻。

最古老的岩刻大约有几万年的历史，它们遍布南极洲以外的各个大洲。这些岩刻，有的展示了当时人们是如何敬神的；有的是与习俗相关的，比如说狩猎；还有一些岩刻看上去是不同部族用来划分土地范围的。部分岩刻在被发掘后又被重新描画上色，这样可以让它们看上去更清楚。

令人大感奇怪的是，许多明明彼此离得很远的洞穴，里面的岩刻符号看上去却惊人地相似。其中一些让人不由得联想到了符文，还有些看上去像字母。很难相信这是一个巧合。所以一些学者认为岩刻实际上证明了早在哥伦布和达·伽马之前，人类就已经在不同大陆间穿梭了。

关于这一类主题的讨论常常十分火热而有趣，它们甚至会被登在报纸的头版上。这样的事儿就发生在20世纪80年代。当时主要讨论的是在美国的西弗吉尼亚州发现的保存完好的岩刻。退休的海洋生物教授巴里·费尔认为，这些岩壁上刻的是欧甘字母符号，它的起源地大约在如今的爱尔兰。公元6世纪至8世纪时，那里的人们便使用这一字母。这些岩壁上的符号详尽地叙述了耶稣的起源，并叙述了圣诞节是多么美好的时光。根据费尔教授的说法，这证明了爱尔兰人比哥伦布更早到达美洲。而这也让许多历史学家、考古学家和语言学家感到非常气愤，他们认为费尔对岩刻的研究方法十分不可信，甚至公开指责他是个愚蠢无知的人。

另一位研究人员艾度·尼兰德提出的意见被认为更合理一些。他主张，西弗吉尼亚州的岩刻是一个关于与一群危险的野牛相遇的故事，而且并非用爱尔兰人的语言记录下来，而是过去生活在今天法国和西班牙交界的巴斯克人的语言。但巴斯克人是怎样到达美洲的呢，还比哥伦布提早了好几百年？对于这个问题，尼兰德也无法给出一个准确的答案。

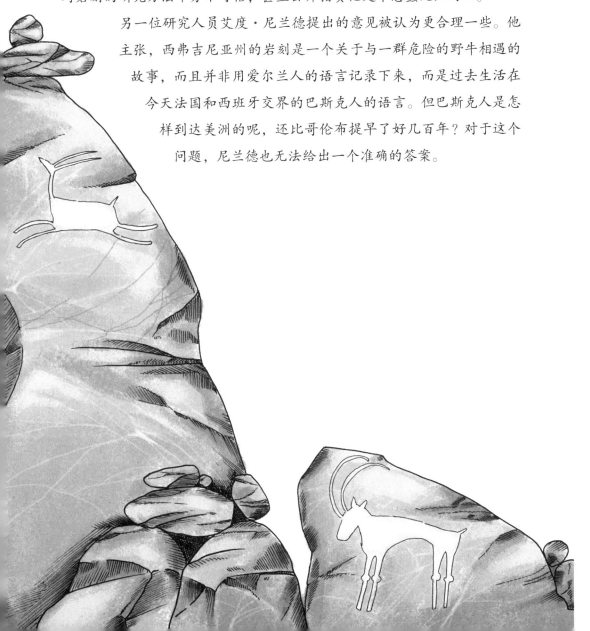

烟雾信号

中国古代就曾使用烟雾作为信号。当某个驻扎在长城沿线的士兵注意到有敌人来犯时，就会点起狼烟或篝火，向附近驻守的卫士（一般都在几十米外）发出信号。这个卫士再通知下一个。通过这种方式，在短短几个小时里，就能将信息传到 750 千米之外。

不要害怕火！

中国历史上有一段与狼烟有关的故事。西周的周幽王喜好玩乐，为了打动他心爱的妃子褒姒，就想方设法逗她开心，甚至点燃烽火台上的烽火，误导诸侯率兵赶来救驾。当诸侯们抵达宫殿门外，想要解救天子于危险之中时，只见褒姒笑出了声。于是后来当周幽王真的被敌人攻打时，再没有人前来解救他了。最终周幽王被杀，褒姒也被掳走了。

印第安人的秘密

美洲的原住民曾在几百年里一直使用烟雾作为信号。每个部落都有着他们独特的信号系统——正因如此，敌人们是无法破译的。这对一些人来说，意味着危险，但对另外一些人而言，这是令人安心的信号：你们不要担心，我们一切顺利。有多少潮湿的稻草被点燃，烟升起的有多高（印第安人会挥动织好的厚布来操控它），或者这些烟升起来的位置，都有着重要意义。山顶升起的烟，和在山坡或者山脚下升起的烟的含义完全不同。

等待白烟升起

世界上最著名的烟囱在梵蒂冈的西斯廷教堂的屋顶上。当举行教宗选举大会，也就是要选举新教皇的大会时，所有人都会看向这个烟囱。在圣彼得广场上聚集着好几千人；许多国家都会转播这个烟囱；摄影师们也挤来挤去，就为了能获得最佳视角。

如果从梵蒂冈的上空冒出了白烟，那就意味着所有枢机主教的意见达成一致，马上将会宣布新任教皇的名字。但假如从烟囱里升起了黑色的烟雾，那就意味着投票失败，枢机主教们的任务还没有结束。

几百年来这个投票方式一直没有变化，每位枢机主教在纸上写上自己支持的候选人的名字。如果超过三分之二的参会人员写的都是同一个名字，那么就直接选出了新教皇，烟囱里就会冒出白烟。如果没有任何一个候选人得到这么多票的话，那就会放黑烟，枢机主教们还要继续讨论、思考、祈祷，然后进行投票。

他们选了还是没选？

　　每次投票结束后，所有纸张和记录都会被用特殊的方式烧毁。在教皇被选举出来后会烧掉选票，只有白烟升起来。但如果出现了一次失败的选举，要想使烟变成黑色的，就需要在那些纸上放湿稻草。不过也发生过火并没有完全燃起来的情况，升起的烟也不是黑色的，而是浅灰色的。所以这时广场上的好几千人就会想：这烟是怎么回事？到底是白的还是黑的？教皇到底选没选出来？

　　2005年，人们决定彻底解决这个问题。原本用来烧投票用纸的火炉，和另一个铸铁炉连在一起，往这个铸铁炉里扔弹筒——它里面含有可以生成黑烟或者白烟的化学混合物——就可以产生黑烟或白烟。天黑后需要在屋顶上安装一个能照亮烟囱的灯。后来，为了更明确地传达投票结果，在白烟升起的同时还会响起欢快的铃铛声。

当没有网络时

几年前，坐落于美丽多山的撒丁岛上的小城努格埃杜圣维托里亚，突然向外界发出意想不到的烟雾信号。这完全不是在开什么愚蠢的玩笑。努格埃杜圣维托里亚的市长只是想通过这样简单有力的方式展现居民们所面对的问题。

弗朗切斯科·穆拉不满30岁就被选为努格埃杜圣维托里亚的市长。2013年，这座小城仍然没有被互联网覆盖。年轻的市长开始给运营商写信，请求让努格埃杜圣维托里亚跟世界连接起来。可惜市长这是白费功夫，运营商完全不在乎这座小城，声称在城里布设互联网是非常复杂的，而且对收益预期不高。因此，小城居民要想发一封邮件或打一通电话，必须去岛上的其他地方才行。

无可奈何的市长决定跟运营商再商讨一下，看看还能再做些什么。但他没办法通过把信息投放到小城的网站上的方式请这些人前来开会，于是他选择在教堂门口点起大火——将潮湿的叶子和树枝点燃，释放出大量的烟雾。他走到广场上，系着象征着意大利市政府权力的绿白红相间的腰带（因为这三种颜色是意大利国旗的颜色），然后就像印第安人那样，用厚布来操控烟雾飘动的方向。自然而然地，人们竞相跑了过来，看到底发生了什么——这样一看，烟雾还是很有召唤力的。

实际上，这一做法的效果十分显著，这些烟雾信号最后被成功传到了手机移动网络运营商那里，2017年，努格埃杜圣维托里亚终于与世界联通。

弗朗切斯科·穆拉如今依然是市长，并深受居民喜爱。现在他终于可以跟小城居民轻松发邮件了，也能在小城官网上发布重要消息了，就跟其他城市的市长一样。

il Sardegna[1] no.1.

Sindaco di Nughedu[2]

Francesco Mura[3]

---

1 撒丁岛

2 努格埃杜圣维托里亚市市长

3 弗朗切斯科·穆拉

镜像消息

最早是斯巴达人，然后是罗马皇帝，最后全世界的军队都放射光点，也就是用镜子反射光来传递重要信息。

人们最早照的镜子是水坑、池塘和湖泊。但至少在6000年前，我们的祖先们就开始打磨石头，然后观察自己在上面的倒影。5000年前，他们学会了如何用金属制作镜子。这种镜子和抛光的盘子或者古代军队的盾牌差不多。

一些历史学家认为，公元前405年，也就是在伯罗奔尼撒战争期间的羊河河口战役中，斯巴达人就使用了光滑发亮的盾牌。当时雅典人准备弃船登陆，军队松散，远处山上的斯巴达侦察员见此情形立即举起手中的盾牌。太阳光照在盾牌上发生反射，从远处就可以看到一道强光，对于蓄势待发的斯巴达军队而言，这就是进攻的信号。可以说，如果斯巴达军队没有强光信号的指引的话，这场仗是没办法轻易打赢的。

还有许多证据表明，公元1世纪时统治罗马帝国的提比略皇帝，也曾使用镜子来传递信息。他在卡布里岛度过了生命里的最后几年，在岛上最高的地方索拉罗峰与大陆联络，使用的方法就是发送和接收光信号。但可惜的是，我们并不知道提比略使用的是哪种信号密码。

　　镜像沟通发挥出最大效用还是在19世纪下半叶，世界上众多国家的军队都感受到了它的效力。当时诞生了一种机器名为日光反射信号器，它由两块镜子和一个让光进入的小孔组成，被安置在一个便携式三脚架上。这个轻小的物件可以随时带在身上，并在任意地方组装好——当然，只有在晴天的时候才有用。机器发出的信号在50千米外都清晰可见。1894年，在美国科罗拉多州的一座山和犹他州群山间，曾成功发送过一条信息，要知道中间可是隔了295千米，这也创下了世界纪录。

　　最开始的时候，军队都试图创建自己的简单密码，但最后他们大多数都选择直接使用莫尔斯电码（关于这种密码你将在后文读到）来传达信息，适当调整镜子，就能发出长一点的亮光和短一点的亮光。

　　直到第一次世界大战前，军队都还使用着日光反射信号器，不过之后无线电通信取代了它。

分发柳枝

你知道这是个什么典故吗？当有人在找工作、租房子或者是想知道附近最好的舞蹈室信息时，就可以分发柳枝。这样做是为了只传递信息，而不亲自与接收消息的人有所接触。

但为什么要叫"柳枝"呢？难不成以前的人将消息、资讯称为柳枝吗？不是的。这个说法是在中世纪才有的。当时柳枝就叫细柳条，它们可以做刷子，也可以编成篮子，有时也被用来做鞭子，去抽打那些犯了罪的人。

但最重要的是，国王会把一束柳枝分发给最重要的官员，比如各个市长或省长，作为征战的讯号。这些官员又将这一束柳枝分成更小的几束，交给信使并让他们往下传，传给辖区的所有官员和骑士。一看到柳枝，这些人就立刻明白了，他们必须上战场，因为如果他们不这样做的话，就会有严厉的惩罚等着他们，轻则被没收所有财产，重则失去生命。

进入15世纪，当越来越多的人懂得如何阅读和写字时，带有王印的信件便被绑在柳枝上——它要在政府、庄园和市集上被公示阅读。

后来粗绳取代了柳枝，它们不仅适用于鞭打犯罪者，同时也能用来捆住造反的人的手脚，甚至还可以用来绞死不服从命令的平民。几百年后，分发绳子也被禁止了，只剩下发布战令的官方信函了。不过"柳枝"的名字倒是流传了下来。有时人们还会称柳枝为"燃火"，用来召集骑士或警示周边危险。

三束一体的柳枝

16和17世纪时，国王会分发这样的柳枝来进行统一的军队动员（征召的不仅是骑士，还有其他所有健壮男性）。这些柳枝，被分成三束，分三次下发，每两个星期发一次。第一束和第二束象征着备战完毕，盔甲、武器和马匹（如果有的话）都已准备就绪。第三束柳枝则是战场召集令，它们还会指出作战的地点。

"你曾有过一只金色号角"

分发柳枝的情景，也出现在了波兰最重要的戏剧之一——斯坦尼斯瓦夫·韦斯皮扬斯基的作品《婚礼》中。韦尼霍拉，一位年长的智者，带着一则重要消息出现在大门口，他吩咐着要将柳枝在天亮前向四方分发。这是期待已久的战争，哦，更准确点说，是起义召集令（这时的波兰正处于分裂时期）。雅谢克带着充满魔力的"金色号角"踏上了这条路。然而当他退后一步去拿他的孔雀羽毛帽时，"号角"被弄丢了，柳枝无法到达任何一个人的手中，也就无法将士兵召集到战场上去了。

吵闹的鼓

咚咚的鼓声传起信息来远比坐喷气式飞机的信使要快得多！

　　试图征服一个又一个非洲国家的欧洲人无比确信，征服过程将会十分简单迅速，因为这些村庄都彼此相隔甚远，而且中间有浓密的灌木丛隔开，所以当地的村民们不能通过大声的喊叫来警示邻居，或是直接跑到相邻的村子通知有敌人进攻。但每一次，受到攻击的消息都会被迅速扩散到整片地区，哪怕是最远的村庄也能收到。这些原住民们已经做好战斗准备，装备好武器等待着敌人的到来。1893年在与英国人的战争中，战斗召集令在短短几小时内从蒙巴萨（在今天的肯尼亚）传到了阿克拉（今天的加纳首都）。两座城市相距6500千米，即使是在沥青路面上飞驰的汽车（当然那个年代也还没出现），要行驶完这段距离，也需要100个小时，也就是超过4天4夜不眠不休地开车才能从一座城市到达另一座。而1年后，仅耗费短短6.5小时，战胜英国人的消息就从苏丹首都喀土穆传到了7000多千米外的塞拉利昂首都弗里敦。

哪怕是波音777飞机，传递信息的时间都要比这些非洲原住民们花费的时间多一些，而且这些非洲人当时还没有电和汽车，甚至连自行车都没有。然而，他们之间却能迅速进行沟通，这都要归功于鼓。

将一根巨大的木头中间凿开一道狭长的切口，它被称为"嘴"，它发出的声音在20千米外都能被清楚听见——就像烟雾信号或灯光旗语那样——接收到消息的地方就迅速击鼓，将信息继续向远处传递。一般这个方式的传递速度为每小时150至200千米，但有人却打破了这个纪录，传递信息的速度要比前者快5倍。

如果木头中间的切口，一侧深一些，另一侧浅一些，则发出的声音也会有很大不同，一边的声调会低一些，而另一边的则高一些。另外，敲鼓的次数和时间长短的不同，也会使发出的声音有高有低。这样的话，就可以传递不同的信息，建立起一个完整的密码体系。对于外行人来说，这听起来就像是部落舞蹈的伴奏。

在许多西非国家和加勒比地区，外来征服者禁止当地人使用鼓，因为奴隶们会使用鼓相互联络，并且组织反抗白人殖民者的起义。

在巴西，卡图奎那鲁部落会使用一种叫"坎巴里斯"的鼓。它们一被敲响，远在1.5千米之外的人都能听见。

象形图

跟语言不通或用手语也无法相互理解的人交流，我们还有其他沟通方式——正是建立在这样的目标之上，用简单的手势和图画形成的特殊体系被创造出来了。

水果

梅子

人们可以听到和看到，但因为某些原因说不出来的情形并不少见。有些人患有孤独症、受过脑损伤、出过事故或因中风无法开口说话。为了这些人，许多不需要语言就能交流的方法被创造了出来。如默启通交流系统，它是以观察玩游戏的小孩子们的手势为蓝本创造出来的，还有计算机程序和独特的、简单的设备，在上面可以用手指或者眼睛选择合适的象形图。

象形图一般都以黑色为底，上面的图案则是白色的，而且还标着一个简短的单词，这样不懂象形图的人（比如说家里的客人或者靠象形图交流的学生和他的代课老师）也能理解。它们可以打印在卡片上、冰箱贴上，或是粘在特别的板子上。

苹果

樱桃

天气

雪

多云

雨

在给不能说话的人设计的计算机软件中，象形图出现得越来越频繁。象形图不仅可以帮助人们回答简单的问题（你想吃什么？你想睡觉了吗？），还可以组成复杂的句子，甚至讲述一段历史。

在波兰最常用的象形图系统之一是PIC（Pictogram Ideogram Communication的缩写，意为"象形表意文字交流"）。在这个系统中，象形图被分为26个门类，如身体部位、厨房、动物、天气、数字和感觉等。

许多人和父母或治疗师一起创造了私人密码书，书中有作者最喜欢的菜肴、服饰、活动，还有另外一些最常使用的单词。

根据健康状况，使用象形图的人可以用手指挑选、指出、按下电脑上的某个键、发出特定的声音、点头或眨眼。有一些人可能一辈子只会使用几个象形图，告知他人自己最主要的几项需求（"吃""睡""冷""上厕所"），但还有一些人掌握了PIC系统中2000多个符号里的大部分，使用这个系统可以让他们通过数学考试、做演讲报告和找工作。

史蒂芬·霍金是怎样和人交流的？

2018年去世的天才物理学家史蒂芬·霍金在青年时期就患上了肌肉萎缩性侧索硬化症。渐渐地，他无法掌控自己的双手和双腿，几十年里他的活动就被限制在了轮椅上。到了1985年，虽然他还能张口说话，但吐字越来越不清晰。后来，在肺炎治愈后，他就再也发不出声了。不过他的大脑仍在全力运转，无数科学理论和思想在脑海里活跃激荡。霍金必须找到一种方式能够与世界分享它们。

最初霍金使用字母卡和医生还有家人交流，卡片上写了所有字母。妻子一个字母、一个字母地指给他看，当指到霍金想要的字母时，他就会扬起眉毛。这样可以把简单的句子慢慢拼出来，许多年里霍金都使用这种方式与人交流。看起来，这位才华横溢的科学家应该不会再出版著作了。

幸运的是，信息技术专家华特·沃特斯出现了，他的岳母得了与霍金相似的病。他创造出了一个电脑程序，使用这个程序时，屏幕上会滚动出现所有字母，甚至是整个单词。这样霍金可以移动头、手腕和眼球来选择想要的字母或单词。这个程序还可以补充词尾和提示下一个单词，就像今天在手机上发短信时输入法做的那样。选好字母组成单词后，语音合成器会将其读出来。

沃特斯的软件随后被英特尔公司的研究人员改造得更加复杂。这个软件具有学习能力，它可以学习霍金造句的习惯以及最常使用哪些单词。当这位科学家写下"黑"的英文单词，那么该软件紧接着就会自动出现"洞"的英文单词——因为他在发表的论文和著作中提过太多次宇宙黑洞了。

这些程序的发明者们面临的最大问题就是霍金逐渐严重的病症。霍金人生最后的10年间，他完全不能控制自己的手、头部和眼球运动，所以他只能通过移动脸部肌肉来选择字母和单词。他的肌肉移动会被安装在眼镜框上的传感器读取到。令人难以置信的是，正是靠着脸颊肌肉微小的移动，霍金不仅能书写学术作品、进行演讲，甚至还出演电视剧！

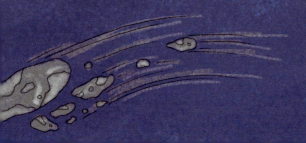

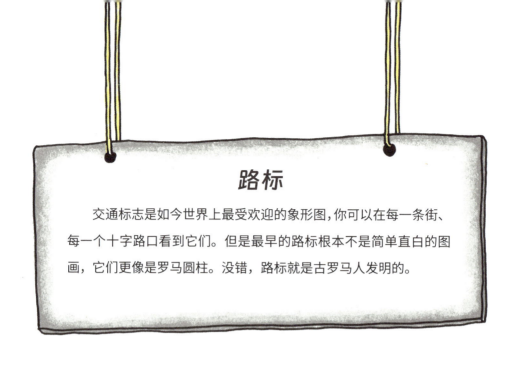

路标

交通标志是如今世界上最受欢迎的象形图,你可以在每一条街、每一个十字路口看到它们。但是最早的路标根本不是简单直白的图画,它们更像是罗马圆柱。没错,路标就是古罗马人发明的。

你可能会想,古代人为什么会需要路标呢?的确,在那个年代并没有汽车。不过还是有路的,这些路质量良好,所以直到今日还留存着大段的古道遗址。密集的道路网覆盖了整个罗马帝国,商人和军队沿着这些道路去征服新的地域。也正是在那个时候,出现了那句举世闻名的谚语——条条大路通罗马。这在当时可是一点儿都没说错,总长近8万千米的各条道路,最后都汇聚到帝国都城。人们通常需要好几周的时间才能到达终点。当时没有导航系统,甚至没有可以折叠起来放在衣服兜里的地图。所以为了让旅行者们知道他们距离罗马还有多远,在道路两旁会设置里程碑,每隔1罗马里,差不多是今天的1.5千米(准确长度:1478.5米),就会立起一个石柱。

两步

起初,1罗马里的长度是用脚步来衡量的。根据罗马人的说法,1478.5米就是1000罗马步。但1罗马步可不是普通的1步,罗马人可没有那么长的腿能1步走上将近1.5米,而且他们的个头比现在的欧洲人更矮一些。1罗马步其实是罗马人走的2步,是2步之和,

即右脚迈的1步加上左脚迈的1步。

　　道路两旁立着5米高的石碑，这能帮助骑马赶路的人，比如说携带重要军令的信使来计算距离。一些石碑上还记述了周围地区、重要事件和建造这些石碑的皇帝等相关信息。所以从这上面可以了解到很多历史信息，直到今天还可以看到保留下来的4000多块这样的石碑。

罗马的肚脐

　　不幸的是，如今最重要的、名为"金色里程碑"的罗马里程碑只保存下来一小部分。它是一个覆盖着闪亮锡板的石柱，有学者推测，在这块板上曾经写下了最重要的城市名字和到这些城市的距离，最早由皇帝屋大维下令建造在罗马广场上，这里也是罗马与遥远省份相连接的最重要的道路交叉口。另一位罗马皇帝君士坦丁大帝更是称这座金色里程碑为"罗马的肚脐"。

土丘、十字架和树上的路标

在波兰，第一个路标出现的时间也要比汽车出现的时间早很多，与罗马一样，波兰的第一个路标也是以石柱的形式存在的。现存最古老的石柱约有900年的历史（建于1151年），位于科宁——一个坐落在克鲁什维察（位于戈普沃湖上游）和卡利什中间的小城。这些城市经过"琥珀之路"，以前的商人们从亚得里亚海的威尼斯附近沿着这条路前往波罗的海。

在这条"琥珀之路"上，还有一些不那么容易保存的路标，比如说用小石头堆起来的石丘。有的路标还会被刻在树皮上。在路口的交叉处，还会立着十字架，既能保佑游人，又能指引道路方向。每个村庄的入口和出口处都会设立一个十字架。

罗马 ｜ 佛罗伦萨

第一个路标

古罗马时期，人们通过在十字路口放置路标来指示方向。有一些路标看上去就像里程碑一样，指示就被雕刻在上面。还有一些路标则会让人联想到今天的路标——它们的形状呈十字，在横向的两边写上左右两条道路的终点。

疾行——进监狱!

19世纪初，波兰出台了一些禁令，包括禁止超速骑马和驾驶雪橇，禁止在人行道上骑行，以及要求所有人靠右侧行驶。如果不遵守以上命令，那么就会被处以罚款，甚至需要坐牢。

会移动的路标

下面要介绍的是一种最奇怪的路标——会移动的路标！自1865年始，在英国，红旗被用作路标。法律规定，在公共巴士（当时是由蒸汽发动机带动的交通工具）前面60码（不到55米）的距离处，要举起红旗。到了晚上，这种移动的"警示牌"就从旗子换成了灯笼。

这条法令还规定，公共巴士在城外行驶时，时速不得超过4英里，城内不超过2英里。2英里约等于3千米。人要是不特别快地行走的话，每小时能走4至5千米，所以公共巴士行驶起来就像乌龟一样慢吞吞。这项法令生效了13年，随后才放宽了限制，允许人们在公共巴士前20码的地方举着红旗走路。

这就难怪英国的发明家们一时间失去了热情，导致很长一段时间内马车在当地依然大受欢迎，因为它们可比发动机驱动的公共巴士跑得快多了。

法令取消后，英国人和德国人才热切地希望能有更好的主意去改良汽车。

今天的路标已经很少用石头做了，而是由金属制成的，并有400多种。有一些人不用思考就能看懂每一个路标，而另外一些人（嘘，这是秘密哟！），哪怕是优秀的司机都认不清楚它们。

早期的路标使用简单的图画，也就是象形图，它们多出现在德国和法国，因为汽车工业就是在这里诞生、发展和繁荣起来的。20世纪初，法国一共使用了14个路标——深蓝色背景带着白色图画的长方形——包括"转弯""土坡""十字路口"，另外还有"不良路面"（也就是路上有窟窿或路面不平整），以及"难以通行"等。

1909年，在巴黎成立了一个国际委员会，它制定了许多基本条款，比如说车辆驾驶必须开照明灯并且挂牌照。同时商定了4个通用路标，并被9个欧洲国家接受和应用。这些路标也不再是矩形形状的了，而是圆形的，但保留了海军蓝的背景和白色图画的传统。它们表达的意思是"十字路口""铁道路口""看不见的急转弯"和"路面不平"。在一些国家甚至还会有第5个路标，用来警告"前方无路通行"或"道路尽头"。

1919年，波兰在恢复独立几个月后，也采纳了这些条令。

1926年，国际委员会在巴黎又举行了一次大会，会议决定新增一些路标，并把它们的形状改成了三角形。

在波兰，最开始只使用6个路标。其中有2个路标警告"当心火车"，

有1个则广泛通用，是通知所有人存在"各种其他可能的危险"。

如今的路标系统已经十分先进、复杂。有指示标志、禁令标志、警告标志和信息标志等。不只司机应该认识它们，骑自行车的人，甚至行人都应该了解，这样才能知道在这条路上会碰到什么，以及哪里不能去。

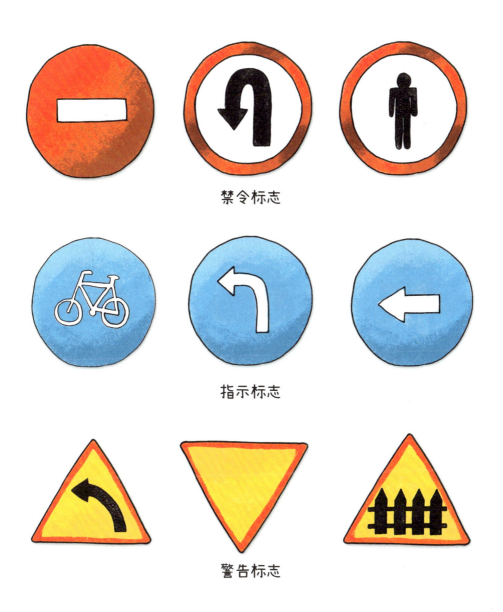

禁令标志

指示标志

警告标志

白旗

几个世纪以来，白旗一直象征着投降、放下武器和准备谈判。举白旗或将它拿在手里，意味着：我没有武器，我不会开枪射击，我只想和平谈判。

从罗马到中国

早在公元前3世纪，古罗马人就掌握了白旗的用法。当时正值第二次布匿战争期间，迦太基军队举起了白旗向罗马人投降。罗马史学家蒂托·李维记录下了一条挂着"白色羊毛"的迦太基船只。在那个时代，罗马人想

要投降的话，会把盾牌高高地举过头顶。所以，很有可能罗马人就是从迦太基人身上，学到了举白旗的习惯。公元69年，罗马皇帝维特里乌斯在克雷莫纳战役中曾举起白旗，这场战役在40年后被历史学家塔西佗记述了下来。中国在汉朝期间（公元前206年至公元220年），也曾使用过白旗。

由此可见，白旗作为一种符号在世界各个角落都独立发挥着它的作用。

囚犯、伤员和传令官

中世纪的欧洲曾掀起过多场战争。所有人都很清楚，白旗到底意味着什么。想要投降，就举起白旗，或用白旗表示这些人是没有参与战争的，不允许攻击他们。俘虏的头盔或帽子上都会被贴上一块白色布料。投降的士兵，会被承诺可以安全通过，不过手里要拿上白色的木棍。传令官们，也就是执政者的信使，也要带上白色的权杖。到了今天，在战场上搜寻伤员的士兵和谈判专家，也就是协商投降条款或暂停使用武器的特派员，仍然使用着白旗。

这会是个陷阱吗？

在1899年和1907年于海牙签署的国际条约《海牙公约》中，规定将白旗作为战争期间（或与绑架者谈判期间）的官方标志。绝不允许向挥舞或携带白旗的人开枪，同时也禁止袭击悬挂白旗的建筑物。

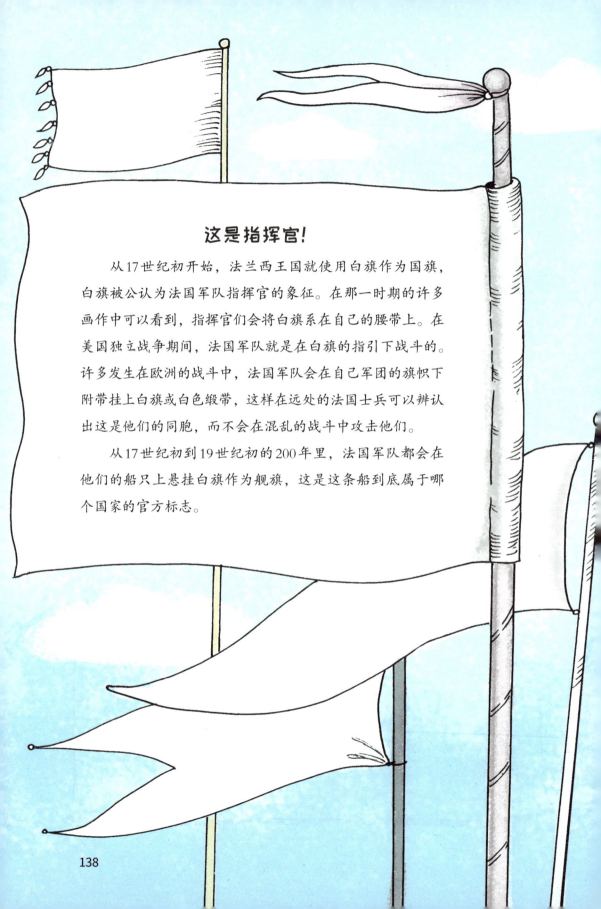

这是指挥官!

从17世纪初开始,法兰西王国就使用白旗作为国旗,白旗被公认为法国军队指挥官的象征。在那一时期的许多画作中可以看到,指挥官们会将白旗系在自己的腰带上。在美国独立战争期间,法国军队就是在白旗的指引下战斗的。许多发生在欧洲的战斗中,法国军队会在自己军团的旗帜下附带挂上白旗或白色缎带,这样在远处的法国士兵可以辨认出这是他们的同胞,而不会在混乱的战斗中攻击他们。

从17世纪初到19世纪初的200年里,法国军队都会在他们的船只上悬挂白旗作为舰旗,这是这条船到底属于哪个国家的官方标志。

作为哀悼的标志

在一些东南亚国家，象征悲痛的颜色并不常常是黑色，相反是白色。在葬礼上，人们会身着白色衣服。在全国哀悼期间，政府的建筑物上常常会升白旗。

小心，奔驰的赛车！

相信每个在电视上看过一级方程式赛车的人都认得黑白方格的旗子，每个冲过终点线的赛车手都会看到这面旗子。但在赛道上，有时也会出现白旗，这是为了警示赛车手们，前方有车辆正在慢速行驶，比如说车辆发生碰撞后正在开回维修区。因此看到白旗的话，所有赛车手必须减速行驶，并时刻保持警惕。

在其他一些赛车赛事中，像纳斯卡系列赛和印地系列赛，当比赛进行到最后一圈的角逐时，会在终点线处举起白旗。

黑旗

在欧洲，黑旗并没那么多见，因为很难制作出黑色的染料。直到15世纪才在意大利成功研制出了显色均匀的黑色，然后出现了黑色服饰、配饰、旗子等等。

在许多国家，不只是在欧洲国家，黑色是表示悲痛的颜色。举国哀悼时就会在政府大楼挂上黑旗。

人们会穿黑衣服参加葬礼。但是黑色也是反抗的颜色、自由的颜色。黑旗代表着反对一切形式的政府和强权的无政府主义者。1789年时，一支黑色游行队伍来到波兰国王斯坦尼斯瓦夫·奥古斯特·波尼亚托夫斯基的面前，他们是141座城市的代表，他们都身穿黑衣，意图为市民争取权利。

1861年至1866年，波兰正处于分裂状态，特别是在"一月起义"失败后，在波兰的土地上，人们都穿上了黑衣服。当时女人们都穿着黑色的长裙，戴着黑色面纱，而侵略者则要求她们证明是有人去世了，否则就不允许她们穿黑色衣服。

在21世纪，波兰街上依然会出现"黑色游行"——他们会因为各种重要问题反抗示威。

灯塔

在波兰一共有 17 座灯塔，而在全世界有超过 7000 座。灯塔发射的光能照到十几千米甚至几十千米外，警示海员和渔民，并为他们指引道路。

最早的灯塔，只是河岸或海岸附近的小山丘上点燃的木头堆。但很快人们就发现，这样的灯塔在远处水面上是看不清的，所以人们开始在山丘上垒起石头和土堆，然后再在上面堆上木头。但如果它的周围长出了树木，或者有岩石从海中露了出来，那么即便将这堆木头点燃，有时在水面上也很难看得到烟火信号。所以这个木头堆逐渐变得越来越高，甚至变成了柱子，最后变成了塔，人们会在塔顶点燃火堆。公元前 4 世纪，在雅典城市比雷埃夫斯港就建起了这种柱子。

建柱子和塔都需要花许多钱，并且需要大量人力，所以一般只会在最高的海岸边上建造。在公元前就已经确立了一条沿用至今的规则，那就是海岸越高，灯塔越低。

人们常常会利用距离海边不远的、已经建造完毕的高耸建筑来建塔。比如说在波兰的赫尔半岛，那里的第一座海上灯塔就利用了一座教堂。人们在教堂的塔楼上点燃火堆，这样航行的船只看到烟火信号后，就可以判断出应该开往哪个方向。

火篮

从中世纪开始，许多地方建造了木质的灯塔，其中包括在格但斯克和赫尔的波罗的海海岸边。有一种木质灯塔，人们一般称它为"布里扎"。工程师们则管它叫"起重机灯塔"，因为它的外观总会让人联想到起重机或水井旁的吊车。在长长的、倾斜的横梁上用链子挂着一个金属篮，即火篮，火篮里面装满了焦油和煤炭，点上火，然后把篮子拉到高处就可以了。后来石油等取代了焦油与煤炭。到1858年，人们开始用电来点亮灯塔。

143

世界第七大奇观

世界上最宏伟的灯塔，大概就是由罗马建筑师索斯查图斯奉埃及统治者托勒密一世的命令建造的那座灯塔——亚历山大灯塔。公元前3世纪，它被建在亚历山大港入口处的法罗斯岛上。很快它就被公认为世界七大奇观之一。1000多年里它一直屹立不倒。1166年，来自西班牙南部城市马拉加的旅行家阿布－哈加格－阿尔－安达鲁西曾来到灯塔参观。他将参观过程详细地记录了下来，所以今天我们可以知道亚历山大灯塔到底是什么样子。许多上面画着亚历山大灯塔的钱币和画作也被保留了下来。

亚历山大灯塔事实上十分现代化。在它的内部，通往塔顶的楼梯是螺旋式的。在塔顶矗立着一座7米高的海神波塞冬雕像。在灯塔的最高处有熊熊火焰燃烧，火光会被一面巨大的镜子反射出去。因此，远在30千米外的人都能看到光源。整座灯塔由白色大理石建造而成，高117米，是当时最高的建筑之一。要说这是一项多么大的成就呢？我们不妨用现实来类比一下，今天全世界范围内只有一座灯塔高于117米，就是位于沙特阿拉伯吉达港的灯塔。波兰最高的灯塔在斯维诺乌伊希切，有将近68米高，到塔顶需要走308个台阶。

不幸的是，亚历山大灯塔在14世纪时经受两次地震，受到严重损坏。虽然它一直坚强挺立到15世纪末，但当时为了用灯塔的大理石修建堡垒，还是不得不将它拆除了。

世界上仍在使用的最古老的灯塔

古罗马人在宏大的帝国疆域内沿着海岸线建起了一座座灯塔。保存至今并仍在使用的最古老的灯塔就是赫拉克勒斯灯塔，它位于西班牙的拉科鲁尼亚，高约50米，是在公元1世纪末、2世纪初建造完成的。该灯塔建好后，曾被多次翻新和修复，甚至经历了重建。20世纪末，人们发现了该灯塔在古罗马时期的地基原料碎片，于是把赫拉克勒斯灯塔也写入了联合国教科文组织《世界遗产名录》。

有两个关于建造灯塔的传说。传说之一，就在建造灯塔的地方，大力神赫拉克勒斯曾与巨人革律翁大战三天三夜，最后赫拉克勒斯取得胜利。后来人们就在赫拉克勒斯的头颅和骨头上修建了这座塔。直至今天，拉科鲁尼亚市的市徽仍是一座灯塔，从徽章的图画上可以清晰看到灯塔底部的头颅和骨头。

第二个传说出现的时间比较晚，是在11世纪时才开始流传的。在这个传说中，是西班牙国王布莱欧岗建造了一座高塔，他的儿子们站在高塔上可以看到一座绿岛的海岸线，后来他们沿着这个方向往小岛航行。据说这座岛就是爱尔兰岛。

世界上最古老的灯塔
——位于西班牙的赫拉克勒斯灯塔

波兰的海上灯塔

斯提洛灯塔

克里尼查谟尔斯卡灯塔

尼彻兹灯塔

赫尔灯塔

科沃布热格灯塔

罗泽维耶灯塔

我在哪儿？

灯塔在不断发出光芒，但水手或海员要怎么知道他是到了罗泽维耶还是赫尔呢？在白天这可难不倒他们，只需要仔细观察灯塔，看它是画上条纹的还是涂满了红色，有没有篷顶，如果有的话，那是什么颜色的……通过观察这些就可以知道到底在什么地方。但在夜晚，想要定位就只能靠灯光信号了。灯塔会一直亮着吗？还是灯光闪一会儿歇一会儿？如果是的话，它变暗的时间会有几秒？亮起的时间又会有多长呢？灯光是一直保持着同样的亮度，还是逐渐变亮或者变暗？辨别的方式有很多，而这些都写在了《海上引航》里，它是一本帮助人们海上航行的指南书，今天我们依然可以在网上找到它。

这是谁的旗子？

一个从头到脚都穿着盔甲的人要怎样告诉远在 200 米外的人，他是朋友还是敌人呢？他可以大喊，使劲儿挥手……但其实完全不需要这样做，因为旗子，或者绘在盾牌或头盔上的徽章，可以说明一切。它们还承担着吓唬敌人的使命，告诉他们己方士兵的战斗力。

中世纪的骑士，他们都穿着盔甲，戴着挡住一半脸的头盔，因此哪怕是亲兄弟，在一两米外都认不出他们。这就会导致戏剧性的失误，杀他的人可能不是敌人，而是他的军团战友。不过象征着特定军团的彩色旗子，可以有效避免这样的悲剧。过去，这样的军团就叫 "chorągiew"（这个词在波兰语中过去表示军队单位，现在表示旗子）。彩色的布条就是表达 "我是卡齐米日的士兵" 最好的名片。要想从远处能够被认出，将领常常会在腰带上多系一条同样的布条，或把它绑在盔甲上。

罗马的鹰

在罗马军团中，当指挥官获得了一枚徽标时，他就可以着手建立一支新的军队了。但他得时刻关注着这枚徽标的情况，如果敌人从士兵手中收缴了它，那么这支军队就不复存在了。这些徽标和今天的军旗并没有什么共同之处。最初它们是以长矛的形式存在，通常会在长矛尾部绑上一绺草，但很难从远处认出己方军队的草，所以后来创造出了 5 个军徽。每支军队将挑选好的军徽图案刻在木质长矛或木棍上。这五个标志是：马、狼、野猪、鹰和牛头怪。后来人们将这些图案织到旗子上，扛旗的士兵就被称为旗手。士兵需要在这些徽标前宣誓。这些徽标也有实际意义，战斗期间，旗手在扛着旗的同时还要用它做出一些动作，这是在给全军士兵发出信号，比如说"攻击"、"等待"或者"上场作战"等。

公元前2世纪末，鹰成为罗马军队唯一的军徽标志。

200 步法则

军旗的徽标也必须画在盾牌、头盔和斗篷上。有一条叫"200步法则"的规定：徽标必须大且清晰，得让站在200米外的人都能分辨清楚。

战斗时，士兵们会竭尽所能夺取敌军的军旗，这比俘虏敌军指挥官还重要。如果成功夺取军旗，敌人就会立刻投降，接受战败。这就不得不提到格伦瓦尔德战役，在这场战役中，波兰军队取得重大胜利，成功收缴了51面十字军旗帜。

徽标不仅是士兵才使用的

12世纪时，欧洲开始出现各种徽标。起初，作为独一无二的战斗标志，徽标主要被应用在战场上，之后慢慢地，它成了指挥官和指挥官财富的象征，在和平时期也会被使用，最后所有贵族都会使用徽标。

13世纪时，城市、修道院和手工业行会（旧时城市中同行业的手工业者或商人的联合组织）都有了专属的徽标。城堡、宫廷、修道院还有城门上都飘扬着带有徽标的旗子。

它们的存在成了真正的艺术，每一个出现在徽标里的元素——动物、花朵等物体——都有十分具体的象征意义。

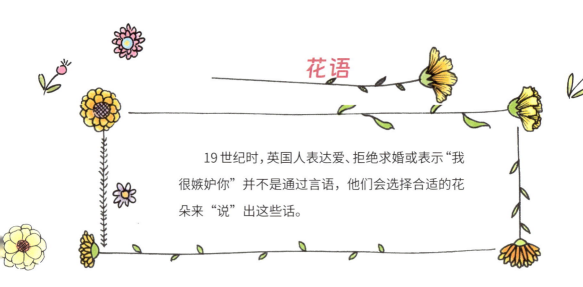

花语

19世纪时，英国人表达爱、拒绝求婚或表示"我很嫉妒你"并不是通过言语，他们会选择合适的花朵来"说"出这些话。

自1837年开始，在其后的63年里，英国一直由维多利亚女王统治。"维多利亚时代"正是由女王的名字而来。在这一时代，人们不会公开谈论自己的感受，不管是好的还是坏的，比如爱意、嫉妒和憎恨。每个人都含蓄拘谨、沉着冷静、遵守社会传统，这些被视为良好的行为规范。哪怕是稍微违反一点规则，比如说出席某个场合时穿的裙子颜色不合适，都会被认为是不道德的。

在这样的环境下，年轻人之间很难相互认识、谈恋爱和公开表达爱意。所以他们寻找着可以秘密表达情感的方式。他们会用密码写信，通过信任的仆从送给对方，然后捎上有象征意义的花朵。这些花语早在更古老的时期就已经存在，只是在最近几百年里被人遗忘了。人们将它发扬和完善，以便用复杂的花语密码进行沟通。

花语 "圣经"

当时出现了几十本介绍花语的厚重书籍，而且几乎每一本都是畅销书，它们的销量就和《圣经》一样多。年轻女孩们会把这些花语词典藏在抽屉最里面，或是床垫下，独处时会仔细地在里面找她们从朋友（或不认识的人）那里收到的花的花语。当时人送花，一般不是一大束花，而是可以藏在男孩袖子里、女孩衣襟里的小花束。女人们会像今天佩戴首饰那样戴着花，比如说绑在辫子上、插在头发上、系在裙子的腰带上，或者别在胸前的领口上。

有关花的诗在当时也很受欢迎，它们被印刷成书籍，或发表在报纸上，恋爱的年轻人也会把合适的诗歌插在花束里，或自己亲自写上一首。

会说话的花束

在这些小花束中一切都有重要意义：哪些花应该是挨在一起的，哪些应该被放到最外面一圈，哪些又适合在最中间，它们的数量都有多少，哪朵花要放得最高。通过一系列的插花方式可以说建立起了最复杂的信息密码，比如说可以传达出"明天和我见面吧，我对你疯狂着迷"这样的意思。

中间只有一朵白玫瑰的红玫瑰花束意味着："我马上就会向你求婚！"4朵粉玫瑰、4朵红玫瑰和4朵白玫瑰组成的花束表示："我不会跟任何人讲我们约会了，这是我们两个人的秘密。"一束各种颜色混合的康乃馨花束则明确表示："我不喜欢你，我拒绝，我们已经结束了。"

系花束的丝带也很重要。如果蝴蝶结系在花束左侧，那这束花表达的是送花人温暖的情感，比如"我爱你"或"我相信你，别人说的什么都不重要"。蝴蝶结系在右侧的话，意思就改变了，花束是要问收花人的感受，比如"你爱我吗"或"你相信我吗"。

当然也会有沟通不畅的情况出现，这多数是由女孩用的花语参考书跟男孩的不一样导致的，因为每一本花语词典中对一些花和花朵组合方式的意义的描述都会有点不同。

不用言语的沟通

当一对情侣有机会私下见面，比如说在花园，他们可以一句话都不说，只相互送上花朵，就可以完成沟通。用右手送花意味着"是"，左手则是"不"。把花茎朝上，花朵朝下送给对方，意味着它的意思相反，所以如果这样子送给对方一朵象征着疯狂嫉妒的黄色郁金香时，他其实是在表达"我一点也不嫉妒，我相信你"。还有，送给别人枯萎的花，表达的是"一切都结束了，分手"。

在这种沟通方式中，花的颜色也会因情况不同而表达不同的含义。给别人一朵粉色的花，可以表示同情、感兴趣。但如果女孩对红玫瑰的回应是一朵淡粉色的花，那这就等同于一条拒绝信息——"我喜欢你，但仅此而已"。

纽扣孔里的康乃馨

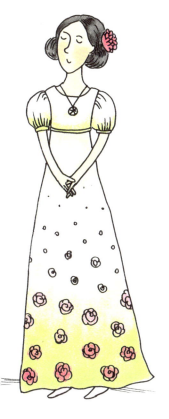

在维多利亚时代，男人们——不仅是那些来自上流社会的——都会在大衣翻领的纽扣孔里别上一枝花。男士们可以在花店买到想要的花，有的时候，还会一天换好几次花。与爱人约会时，他们会选择红玫瑰或康乃馨，象征着火热的情感。好丈夫会在纽扣孔里别上象征忠诚的蓝色花朵，或表示忠贞和诚实的白色花朵。这对其他女性而言也是一种信号，那就是：我爱我的妻子，我不会跟其他任何女人搞暧昧的。

花语词典

我们都知道，勿忘我花的花语是"不要忘记我"，红玫瑰的花语是"我爱你"。在维多利亚时代，所有花，哪怕是不那么有名的花，都有各自的花语。

三色堇：请记住我，我们是永远的朋友。

紫色风信子：请原谅我！

未盛开的白玫瑰花苞：你很可爱，但对我来讲太年轻了。

香水月季：我很喜欢你，你让我着迷，我想进一步了解你。

薰衣草：我不信任你！

马蹄莲：如果你离开我，我会心碎的。

金莲：我一刻也不想再等了。

铃兰：能让你开心的话，我愿意做任何事情，只要一想到你，我就很感动。

罂粟：一切都很好，只是已经结束了，那只是一时的迷恋，忘记我吧。

剑兰：你伤透了我的心，但我不会放弃的，我将为爱战斗下去！

粉色康乃馨：等着我，我一定会回到你身边！

飞燕草：发生的一切都是愚蠢的，欠考虑的，不必要的。

梅花：信守承诺！

白头翁：再给我一点时间，等一等。

蕨叶草：我对你完全诚实，我希望你对我也能如此。

水仙：你是无情的，你只知道妥协退让。

杜鹃：小心，你可能正处于危险之中！

绣球：把我所有的信都烧掉！

连翘：我知道，我们是命中注定的一对。

天竺葵：我可以看出来，你爱别人爱得如痴如狂，但我依然深深为你着迷。

麦田怪圈是外星人留下的痕迹吗？

那些相信存在外星人的人，不仅会尝试用探测器向他们发送信息（关于这方面你接下来就会读到），还在地球上搜寻证明外星人曾经来过的踪迹。比如说麦田里出现的怪圈，他们认为这就说明曾经有不明飞行物，也就是 UFO，降落在这里。

从高处（比如说飞机上）看到的在麦田或玉米田里留下的痕迹，形状常常并不是圆形。所以研究不明飞行物的专家更愿意称它们为麦田圈。中世纪时，人们认为田地里的奇异痕迹是魔鬼奔跑或是他们庆祝女巫之夜留下的。但当时麦田怪圈出现得并不多，而且形状也没有那么大。大多数麦田怪圈的形成都能轻松找到原因：它们可能是作物被大雨"踩踏"了，或者是被迅速蔓延的植物病毒或寄生虫毁坏了。

直到20世纪70年代，当人们能够飞入太空，相信也许随时会碰到外星生物时，麦田怪圈开始大量出现。尤其是在英国，麦田怪圈疯一般地涌现，有的人走遍全国就为了看这些怪圈，还期待可以在飞碟（如果有的话）降落的时候见到外星人。

事实上，这些怪圈是有人在晚上或雾天里故意制造出来的。但制造麦田怪圈的人多年来一直隐瞒自己的所作所为，比如，道格·鲍尔和戴夫·乔利，他们每周五晚都会到田地里，在夜幕下用木板、钉子和绳子自制的简单工具制造怪圈。直到15年后，当鲍尔的妻子开始好奇为什么每周五汽车的里程表上会多出来几十或几百千米，而丈夫却声称他在那时候一直和朋友在酒吧喝酒时，一切才水落石出。

制造麦田怪圈的技术各不相同。一些人会在合适的地方把作物踩倒做出形状，还有一些农民会用拖拉机做出形状，他们希望这样做可以吸引到更多游客，这些人为了仔细参观怪圈，一般都会花大价钱在附近留宿过夜。

　　不过在不同国家陆续出现了新的麦田怪圈，而不明飞行物专家相信，这些也许真的可以证明外星人的存在。

神秘的地画

除了麦田怪圈，也就是田地里的痕迹，还有一些地画，即莫名出现在地上的巨型图案，也被认为是外星人留下的信息。它们有的是相当抽象的几何图形，有的是乱七八糟的曲线。这些图案常以动物或人为主，制作方法各式各样，一些是用小石子儿堆的，还有一些则是直接刻在地上的。

印第安动物园

世界上数量最多、最集中的地画，出现在秘鲁的纳斯卡高原。这些图案足有数百个之多！纳斯卡印第安人在至少1500年前就创造出了它们。早在印加人之前，印第安人就已经定居在这里。这些图案大多数只能在飞机上看清楚，有一些线条甚至能够绵延几千米长！另外还有超过200米长的动物图画，比如说有猴子和蜂鸟图案，还有腿长40米的蜘蛛。印第安人将覆盖高原的深红色的石头移开，露出浅色的地面，然后创造出了这些图案。从飞鸟的角度俯瞰，地上的线条又细又浅，宽超1米，深约20厘米。

一些研究不明飞行物的专家认为，这些巨幅画作是给外星人的消息——邀请他们降落在纳斯卡高原。不过更现实的推测是，这些图画具有宗教意义。人们想要祈求降雨和丰收，所以它们也许是在游行过程中被人们踩出来的，也有可能是人们把祭坛放在了这些图案上。部分考古学家声称，这些根本不是图画，而是过去将水运到高原上最干旱地方的运河。不过还有人表示，这些图画标志着相邻的几块土地都属于谁——它们就相当于我们今天的路牌。

白马步道

在欧洲，尤其是在英国，也能看到地画，其中最有名的就是长112米的优芬顿白马。和纳斯卡高原上的地画十分相似，它也是把地面高的一层去掉才形成的，只不过，这个地方土地表层主要是植物，下面一层则是白色的石灰岩。考古学家证实，这个白马形成于青铜时期，已有至少2500年的历史，但无法确认谁是创造者，又是为什么创造了它，甚至也不能百分百确信这到底是马、狗还是剑齿虎。人们只知道，早在11世纪时，就已经有人称这幅画为马了，而且在附近的草地和山坡上，还有其他的白马图案，只不过它们都比优芬顿白马诞生的年代要晚得多。在这里，供游客往来的白马步道，总长就超过了100千米。

从18世纪开始，英国政府隔几年就会组织公众对白马进行一次整修。非常有趣的是，所有加入的人都带着铲子和耙子，把图案上面长出的植物清除掉，然后在原本有线条的地方撒下石灰，这样就可以让白马的形状清晰可见了。

不过在"二战"时期，这种巨大且清晰的图画可以帮助敌人定位，而这显然不是英国人想看到的。当时这个白马图案被人们用树枝和苔藓小心地盖住，这样德国的空军就不能准确判断他们到底飞到了哪里。

时间胶囊

> 时间胶囊不是让人穿越时间进行时光旅行的。它是个容器，在里面封存了写给未来人类的信和一些物件儿，告诉他们过去的世界是怎样的。每个人都可以有自己的时间胶囊，并且任何人都很有可能在不经意间就收到这样一份多年前的信息。

最古老的时间胶囊大概来自1795年，是一个已经有220多年历史的小箱子。它是被美国波士顿一户人家在装修老房子时发现的。箱子里面有硬币、报纸和一枚带华盛顿总统像的奖章。在波兰下西里西亚省的斯切戈姆镇，一栋如今改为学校的老建筑里，也发现了一个不同寻常的金属管时间胶囊。1874年，当时的斯切戈姆还被德国管辖，这个金属管被藏在墙壁的一个凹洞里。人们也在里面发现了——就像美国的那个一样——钱币、文件、报纸，不过还有照片、建学校的公文和一部诗集。在拍照完毕后，人们又将金属管重新封严并埋入了墙中。不过在那之前，学校的学生们已经往里面放了好几个小东西了，包括学校历史表，老师和学生们的照片，还有DVD光碟。100年后，这个胶囊才会再一次被打开。

时间胶囊的流行热潮是从1939年开始的，当时在纽约世界博览会上展出了一枚巨大的时间胶囊，人们将含有信息的胶囊埋在了5米深的地下，并表示它应该在5000年后，也就是6939年才能被打开。在博览会举办期间，胶囊内藏有的物品清单被公布并分发出去。所以我们才能知晓，在时间胶囊里装了给未来人类的一封信和那个年代人们的日常用品，比如说闹钟、布料、种子、开罐器还有牙粉（在那个时候还没有牙膏，人们只能用牙粉刷牙），以及在所有人开始广泛使用计算器之前帮助人们算数的计算尺。除此之外，在这枚胶囊中还能找到当时被认为是最先进的未来材料的石棉样品，它是用来制作屋顶、管道和焊接工人的手套等的材料。今天我们所有人都知道，石棉是致癌物，所以我们肯定不会想把它传给后代了。

文明的地窖

最大的时间胶囊叫作"文明的地窖"，它被建在美国的奥格尔索普大学，空间面积为57平方米。1940年，人们在里面密封了1000多件展现当时生活样貌的物品。在这些众多发明创造中，有微缩胶片和烤面包机，还有仿真花、衣服、玩偶娃娃、牙线、唐老鸭造型的小雕像等。这个时间胶囊的不锈钢大门上写着"要到8113年才能打开这个门"。

史蒂夫·乔布斯的鼠标

    20世纪下半叶，制作时间胶囊已经在许多国家变得十分流行。在美国，时间胶囊的形式是密封金属箱或金属管，因此可以被埋到土里或砌进墙里。在波兰，即将离开学校的毕业生们最常做时间胶囊，只为给下一届的学生们看看，他们是如何学习和参加学校舞会的。相爱的情侣也会将小小的时光胶囊埋起来，作为他们爱情的纪念。在每一个所谓的"世界末日"到来之前，都会有人将装有植物种子的胶囊埋到地下——这样在这些植物体灭亡之后，还能重新栽种它们。有些国际会议也会制作时间胶囊，最著名的是在1983年苹果公司创始人史蒂夫·乔布斯出席的一场设计大会上制作出来的。当时所有的参会人员把4米长的管状胶囊填满了他们想给未来的人们展示的物品，乔布斯往里面放了一个电脑鼠标（那可是在1983年，已经很先进了）。

这是先生您的时间胶囊吗？

不幸的是90%的时间胶囊都有所损坏。不只是因为下雨、严寒和洪水的关系，它们的头号威胁是人类自己。很多时候，那些将时间胶囊埋在地下或砌在墙里的人们并没有准确地记录下藏起它们的地点，也没有拍张照片留念，所以即便有人听爷爷谈起了，或在老照片上看到了这样一条过去的消息，他也没办法找到它。

时间胶囊常常也会在修桥或修路的时候遭到损毁。

在美国流行的电视连续剧《陆军野战医院》中，两位主人公都是军医，在剧中，他们也曾埋过时间胶囊。1983年，这部电视剧的演员们决定在现实中重现剧中这一幕——埋藏时间胶囊，但与电视剧中不同，他们完全不知道未来会有谁能够打开它。他们每个人都往箱子中装了作为道具的医疗设备和最能代表自己角色或对自己有特别意义的戏服。演员们希望，这个时间胶囊可以在50年或100年后再被发掘出来。不过就在1个月之后，埋藏时间胶囊的那片土地被卖给他人，准备在上面建办公楼。在挖地基时，建筑工人们发现了这个时间胶囊，并在箱子上面找到了埋藏它的人的信息。施工队长给其中一位演员艾伦·艾尔达打了电话，询问应该如何处理这个箱子。他听到的回答是："如果你想要的话，就自己留着吧。"

假如不是只有我们在这里……

从古至今，人们一直在思考，是否地球外还存在着其他文明，并试图和外星人交流联络。所以，人们把时间胶囊发射到太空中，希望有一天其他星球的居民能够打开它。

1972年和1973年，美国先驱者10号和先驱者11号太空探测器，分别搭载了一些小金属铭牌飞向太空。在金属铭牌上刻着一幅图像：一男一女站在先驱者探测器的前面。这样未来发现这个探测器的外星人就可以知道，这个探测器来自一个生存着这样生物的世界。其他图像还展示了标有先驱者探测路线的太阳系星图。

事实上，铭牌上的图像里男人和女人都是光裸着身体的，而这也引起了广泛讨论。报纸头条上这样写道：我们是想要让太空的中其他生物认为，我们地球人是光着身子在街上走路的吗？

所以5年后，载着传递给外星文明信息的太空探测器旅行者1号和旅行者2号发射时，所携带的金属铭牌上，没有画人体裸像，取而代之的是人体的轮廓。探测器还将金属光碟带到了太空，碟片上刻了2个小时时长的大自然声响录音，其中包括海浪声、风声、鸟鸣，当然还有精妙的音乐（比如莫扎特和贝多芬的作品），还有人们用55门语言说的几句简单的话，甚至还有人造语言——世界语（前文已述及）。在光碟的其中一面，以图画形式刻上了使用说明，这可以帮助外星人理解它。

十几年前，人类一直在计划发射KEO卫星（不断被推迟）。这颗卫星计划环绕地球运行5万年，最后慢慢重返地球。从20世纪末就着手准备的这颗卫星就是一个时间胶囊，全世界各地的人们都可以向它发送信息。在这颗卫星中会放置水和空气样本，当然它们会被适当保护起来，另外还有一滴人血和刻在钻石上的人类基因编码图谱。卫星还将携带人类的照片，和截止到起飞时囊括所有基本知识的百科全书。这些信息都将被刻录在DVD光碟上。不过，筹备这一项目的研究人员推测，5万年以后能播放这个DVD的播放器应该已经不存在了，所以他们设计出了一个简单指令，说明应该如何制造合适的播放器并连接到卫星上。

肢体语言比话语更重要!

每一种语言里都会出现别人无法理解的地方。有人会把我们的一句玩笑当真,或对某个词理解有误,由此甚至会引发一场争吵。在这样的争吵中,最容易受到影响的语言就是手语。你知道在日常沟通时,超过一半的信息都是靠肢体语言来传递的吗?

第一印象

当你面对一个人时,他的手势、动作、面部表情,甚至服饰和发型,站得离你有多远(或者多近),这一切都意义非凡,尤其是当你第一次见某个人时。

加拿大多伦多大学和美国哈佛大学的研究人员声称,在几秒内,我们就会对第一次见到的人形成一个初印象,而这个印象之后很难被改变。我们会很迅速地决定,这个人是否值得信任和尊敬。甚至,即使在见面前有人跟我们说"他是一个完美的人",或者我们已在网上读到跟他相关的一些信息,但第一印象总会比这些信息留给我们的印象更深一些。所以事实上,比起提前知道的信息,我们会更信任他人给我们留下的第一印象。

没有字典

尽管大多数人并没有在书里或课堂上学习过相关知识,但是也可以无障碍地"阅读"跟自己处于同一环境下的人们的肢体语言。比如说,在欧洲文化中,有人抿嘴或皱眉,这表示他感到紧张;如果他大笑了,是感到幸福;当他畏畏缩缩,伸出胳膊环抱自己,紧紧地闭着嘴,这说明他感到很不安,或者完全不想跟坐在旁边的人说一句话。我们也知道,表示同情的话应该做什么样的动作,对,是拥抱,或将手搭在对方的肩上。

当然，我们也常常努力不让别人看出我们的真实感受。比如有时为了不伤害到别人，你会礼貌地微笑。

政客、国王、商人们都会找私人教师学习控制自己的面部表情和肢体动作，这样才能在紧张的时候，不会让别人注意到。不过这也不是能完全控制得住的。孩子们的肢体语言往往最能直观反映他们的想法，因为他们还不会假装和掩饰。

记住这些信号
它们可以告诉你，有人在说谎！

用手捂住嘴

摸鼻子或者轻摸鼻子下方

摸眼睛

抓脖子（从耳后抓）

解开衣领

瞳孔放大

提高语调

坐立不安

紧张地转动手里的东西

一点细节都不说——或者恰恰相反，说得太过详细

记住，只出现一个信号并不意味什么。

但当出现了好几个时，你就需要注意这个人所说的话了！

每个国家都有自己的习俗

一个表示快乐的手势可能会冒犯别人。因为其他国家的肢体语言常常和我们从出生就知道的肢体语言，意思完全不同。

moutza 手势

你以前有没有张开五指举起手过？肯定有过！不过，你当时是为了表达数字5，比如说有一天某个人问你，你想要多少块糖，你就这样做了。或者，你是为了举手回答问题（"谁知道答案，举手"）。

但在希腊，举起手掌，五指伸开向外对着跟你说话的人，这是非常侮辱人的手势，被称为 moutza 手势。最好不要在希腊这样做。比这个手势更羞辱人的，就只有双手摆 moutza 手势了，也就是两只手都张开，五指冲着外侧，一个接一个地对准对方。

就还 ok

一个在许多国家都不应该比出的手势就是"没问题"，也就是用大拇指和食指围成一个圈的手势。对于我们来讲，这个手势表达的意义是积极的，但在法国和比利时，它指的是"0""底层""毫无价值"。所以做出这样的手势可能意味着我们不喜欢某个人的陪伴、餐馆里的菜、收到的礼物或朋友的裙子。

在一些阿拉伯国家，用手指做出圆圈的这个手势表示的意义更负面，它相当于"恶魔的眼睛"。同样，在土耳其和南美洲一些国家，甚至在某些时候的德国，这个手势就跟希腊手势moutza的含义差不多。

胜利还是打架？

向上举起两根手指，就像在比字母V一样，这应该不会引起什么。V就是"victory"，是胜利的意思。这的确没错，但前提是手背要朝向我们，这样跟我们交谈的人可以看到我们叠起来的手指和手心。如果你恰好做反了，手背面冲向对方，这可就不是在表示"耶，我们赢了"，而是变成了一个侮辱性很强的手势，会让你们两个大吵一架，甚至打起来——在英国、爱尔兰、澳大利亚和新西兰就会出现这样的情形。

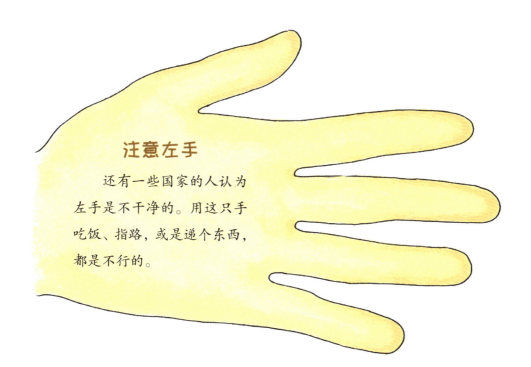

注意左手

还有一些国家的人认为左手是不干净的。用这只手吃饭、指路，或是递个东西，都是不行的。

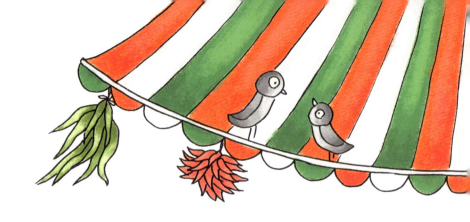

竟然说的是 "不"

几乎每个来到保加利亚的人，都会落入一个语言陷阱里去。保加利亚人想说 "不" 的时候会使劲点头，说 "是" 的时候则会左右摇头。这种表达方式和世界上大多数地方都是相反的。

保加利亚人的别样表达方式，你也许在旅游手册上读到过，或者从朋友那里听说过。你也可以在镜子前面练习边摇头边说 "当然是"，因为在保加利亚，你很可能要在商店、车站柜台或餐厅里说跟你意愿相反的话。要想改掉我们从出生就习惯的表达方式，至少需要一个月的时间，而这个时间远远超过了大多数游客会在保加利亚停留的时间。

即使你能全神贯注，但当服务员问你 "需要来些甜点吗" 的时候，你用力摇头表示肯定的答案时，也并不意味着一会儿在桌子上会出现一大碗冰激凌。因为保加利亚人越来越明白，他们的 "不" 和 "是" 跟世界其他地方是不一样的。尤其是那些住在大城市或海滨胜地的人，他们每天都能接触到来自不同国家的游客，已经准确了解这个不同了。所以他们也努力点头说 "是"，摇头说 "不" 了，就像我们一样。

那好玩儿的事情就出现了，当来自德国、波兰或荷兰的游客尝试用保加利亚语交流，而保加利亚人则像游客那样点头 "是" 摇头 "不" 的时候，他们又没办法沟通了。

它是从哪儿来的？

没人知道！历史书上并没有对保加利亚人的这种"独特性"给出解释。不过，在保加利亚被土耳其统治时期，诞生了几个传说。在这些传说里，有讲到不愿意接受土耳其信仰的英雄，不愿意嫁给土耳其人的少女……还有因为惧怕入侵者而不得不点头接受他们宗教的平凡人。不过他们在心中一直都在说"不"。

语言陷阱

每次旅行时，你都会听见发音非常相似的单词，但它们的实际含义却可能千差万别。

圆面包和混蛋

点头、摇头只是当你试图跟某个保加利亚人沟通时，可能会遇到的问题之一。另外还有在问路的时候最容易产生误会了。保加利亚人说"往右走"，其实是想让你直行。就算你伸出手确认一下说"是那个方向吗"也无济于事，因为当他点头，表示不对的时候，你就已经百分百确信你找对了路，并朝着那个方向走了。

同样的窘境还会发生在商店和宾馆餐厅里。当你想要一个圆面包时，保加利亚人有时不能确定你想要的是什么，因为如果你询问的店员刚好是位年轻女士，那么保加利亚人就会欢呼起哄，因为"圆面包"这个词在保加利亚语中是年轻女孩的意思。

还有一个单词，在波兰语中是脏话"混蛋"的意思。不过你在保加利亚会经常听到这个单词，因为"混蛋"在保加利亚语中指的是"岩洞、洞穴"，也有"道路上的坑"这个意思。所以如果有人给司机或者骑自行车的人指路，并警告他们路上有个"大混蛋"时，那就需要严肃对待了，而且一定要记得放慢速度通过！

闭着的眼睛

在希腊，对许多外国人来说，最大的麻烦就是，当想要否认一件事，说"nie"、"niet"、"no"或"nein"（都是"不"的意思）的时候，发音都跟希腊语中的"ne"一样，而这个单词表示的意思是"是的"。和点头、摇头一起同步的手势也和保加利亚的不同，与其他国家也有很大区别。希腊人在说"是"的时候，也会点头，但不是正面点头，而是侧着脸点头，就像用下巴碰肩膀一样，而且是闭着眼睛只点一下头。

在说"不"的时候，也要闭一下眼睛。希腊人不会左右摇头，而是闭上眼睛使劲向后一抬头。正是因为这样，希腊人不太能理解我们点头就表示同意。希腊人看到往后一抬的这个动作，就会理解是在说"不"，而不是"是"。

还有一种说"不"的方式，不过它可能是最奇怪的方式了。希腊人会在否认一件事的时候，高高地扬起眉毛！如果他不同意某件事，就会边扬起眉毛，边发出"啧啧"的声音。许多人会以为这是一种称赞，因为我们会在看到很喜欢的东西时发出"啧啧"的声音，而希腊人则恰好相反。

路上有坑

第六章

没有网络，
也没有手机

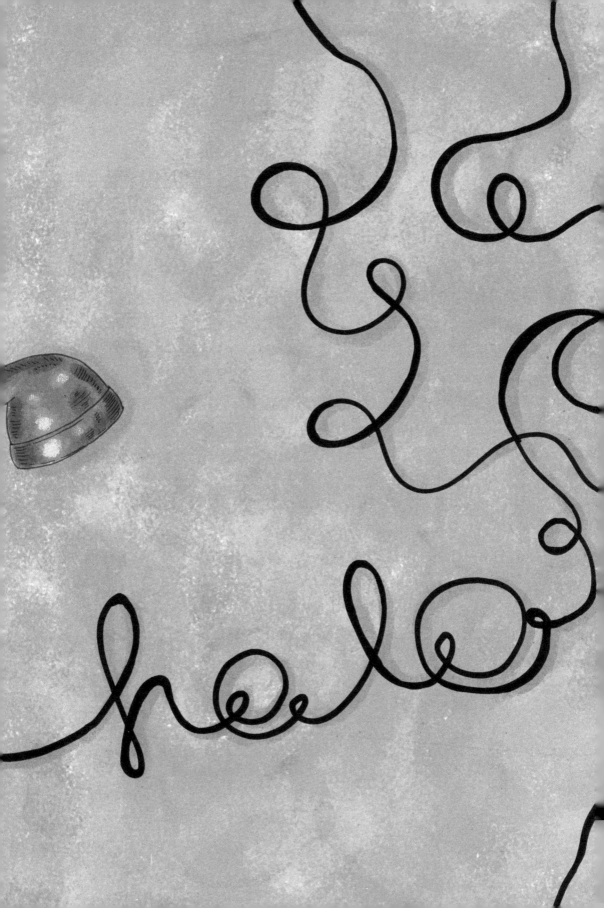

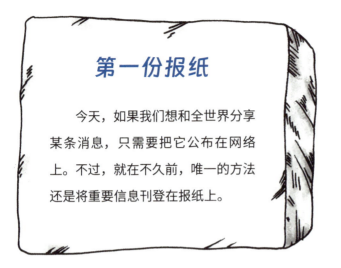

第一份报纸

今天，如果我们想和全世界分享某条消息，只需要把它公布在网络上。不过，就在不久前，唯一的方法还是将重要信息刊登在报纸上。

最早的报纸出现于公元前1世纪的古罗马。这份报纸的名字是"Acta Diurna"，翻译过来就是《每日纪闻》。但它更像是城市发布的公告，比如说会挂在古罗马广场，吸引许多人阅读。不过它们从来没有被印在纸上，而是刻在石头或金属上，并写在名为"阿尔布"的白板上。上面不仅会有像国王命令或议会决议这样重要的国家大事，还有各种平民公告，如新生儿降生、婚丧嫁娶甚至岗位招聘等信息。

当这些布告被从白板上取下，并放入档案馆后，它们就成了古罗马人之间斗争和争端的证据，同时它们还有助于史学家记录罗马帝国历史上的重要事件。

然而不幸的是，今天，就连1份《每日纪闻》的拓本都没能留存下来。

在中国古代，也发行了登载朝廷重大信息的"报纸"，一些历史学家认为这才是世界上最古老的报纸。不过它们并不是张贴或者挂在墙上的，

而是分发给重要的官员，尤其是那些边境大臣们，被称为"邸报"。所以，相比于真正的报纸来说，它更像是一份法令刊物或政府公报。

后来的几个世纪里，人们多次尝试刊发报纸，比如说在威尼斯，就以人工抄写的方式制作了一份份报纸。

在欧洲，直到15世纪中叶，约翰·谷登堡革新了印刷术，一切才发生了巨大变化。印刷术最早应用于印刷书籍，不过到了16世纪，在意大利、德国，报纸开始出现，并逐渐传到其他欧洲国家。许多国家只有在重要事件发生时才会印刷报纸，要不就一年或半年印刷一次，所以也被称为短期印刷或短期报纸。在波兰，最早的短期印刷就是1550年印刷出版的《君士坦丁堡新闻》。第一份真正意义上的报纸是1661年在克拉科夫发行的《波兰信使报》，它一周会出版1到2次。它的全名是《波兰信使报，知世界万物，统信息一体》。

第一只手机

人们在彼此相隔甚远的时候，总是渴望交流。所以他们尝试创造出能够让这个愿望成为可能的机器。

早在700年前（也许更早），在中国就有一件广受大众喜爱的玩具，那就是用一根细绳连起的两个光滑杯子。对着杯子说话，它的底部就会产生振动，这种振动会沿着绳子纤维传递。把耳朵放在另一只杯子的杯口，就可以听见传过来的声音了，虽然常常听不清楚具体说了些什么。

爱人的电话

17世纪时，英国物理学家罗伯特·胡克尝试用金属罐和金属丝优化了中国人的这个玩具。后来发明家们又在上面增添了金属环和弯曲的小罐子，再在装置底部加上一个夹层，然后开展了实验。在19世纪后半叶，有300多种罐状和杯状电话申请了专利，它们也被称为"声音电话"，可以将声音传到800米外的地方。在许多欧洲国家，它并不是孩子们最喜欢的玩具，而是变成了"爱人们的电话"——害羞的情侣们使用它来交流，对他们来说"远距离"表白更容易一些。那些必须掩藏恋爱身份的情侣们，就会在他们的房子中间放一根连着金属筒的绳子。

为了不来回跑楼梯

捷克作家、记者加布里埃尔·劳布曾说过："懒惰是隐藏的进步之父。"旅居美国的意大利发明家安东尼奥·梅乌奇肯定也十分同意这一观点。梅乌奇在家里的地下室建了一座实验室。当他的妻子生病时，他就不停地跑上跑下察看是否需要他做些什么。他感到很疲惫，就用电缆连通两个房间，创造出了第一台电话。但他并没有想着去注册电话的专利，只进行了官方登记，这种方式可以保护发明人的权利，如果这项发明受到人们的喜爱，还可以保障发明者的利益。于是，他每年支付10美元，购买了临时专利权。但到了1874年，他连这点钱也付不起了。不过很快就出现了想要利用这项专利并愿意花这笔钱的人。

谁才是第一人？

官方公认发明电话的人是亚历山大·格雷厄姆·贝尔，他在1876年申请了专利。但由于时间相近，也有人认为电话真正的发明者是伊莱沙·格雷。因为他带着和贝尔电话相似的设备，比贝尔进入专利局就只晚了两个小时。格雷和贝尔打了12年的官司，就为了争论到底谁才是第一个发明电话的人，最后贝尔获胜。

那梅乌奇呢？就在专利纷争开始的120多年后的2002年，美国众议院承认了他在电话这一重要机器发明过程中的地位。

贝尔先生的发明

　　亚历山大·格雷厄姆·贝尔一家世代都从事与改善发音、言语表达和解决言语障碍相关的工作。当他的母亲被发现患上了渐进性耳聋时，年轻的贝尔学会了手语，同时为跟母亲可以讲长一点的话，他自己发明出了一套方法：他将嘴唇放在母亲的额头上，慢慢说话，调整声音，尽可能地降低音量。这个方法让他的母亲可以感受到振动，她也得以明白儿子所说出的单词，虽然她的耳朵还是什么都听不见。

　　后来，贝尔成为一名教聋哑儿童的教师。他梦想着能够创造出一台扩音器，这样那些失聪的学生，就能够听到别人说的话了。他相信，可以用电流容纳声音，并将它通过电线传送到远处。因此，他做出了装有薄膜和电磁铁的麦克风，这片薄膜在人的声音影响下会振动。薄膜振动，磁场就会变化，电线中就会产生微小电流的跳动，电流的振动又会带动另一端的薄膜振动。

　　不过贝尔对这个设备并不是很满意，因为它有点太大了，听障人士没办法将它带在身边，也不能在交流时放在耳边。但很快人们发现，可以利用电话线覆盖许多国家，通过它连接两台机器，即便距离遥远，也能达到交流的目的。

　　人们通过电话讲出的第一句话是："沃森先生，请过来帮我一个忙。"当时，托马斯·沃森是贝尔的助手，也正是他听到了这历史性的一句话，并记在了1876年3月10日的实验日记上。

　　最早的电话话筒是完全固定在设备上的，听筒则由电线连接。后来，话筒也开始连上了电线，但仍然没有和听筒组合在一起。要想使用这样的电话，就必须把两只手都用上才行：一只手把

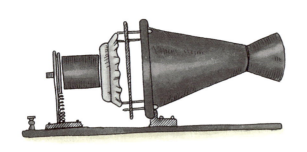

亚历山大·贝尔的电话，1876年

话筒举到嘴前面，另一只手则要举着听筒。不用拨号，举起听筒就够了，因为电话中心的接线员会手动将电线末端的插头插上，帮你连接通信。直到1923年，才出现了旋转拨号盘式电话机，人们可以在使用时自行拨打号码。而第一只带数字按键的电话（跟我们今天使用的手机样式差不多的）是在1963年生产出来的。不过这种电话仍是有线的，它的移动距离不能超过2米，有时甚至1米都不行（具体要看电线的长度）。

1956年时，一种被称为便携式电话的设备被创造了出来，不过它的重量高达40千克，相当于一个10岁小孩儿的重量。

第一台真正意义上的便携式电话是在1973年设计完成的，它的重量只有1千克多一点。到了20世纪90年代，手机就已经被人们广泛使用了。

1900年的电话

1920年的电话

1960年的电话

哈喽！

是。

说吧。

哈喽？准备好了？喂，你好？

亚历山大·格雷厄姆·贝尔曾经提议，在接电话时要像水手或海员致意那样说一句"啊哈！"后来在英国、美国和许多其他国家，人们使用了另一种表达方式，那就是"哈喽"，这个词是由伟大的发明家托马斯·爱迪生提出来的。很重要的是，这个词很短，所以很容易就能说出来。不过在爱迪生生活的年代，人们并不会在日常对话中用到它。在电话刚被发明出来的时候，电话线路似乎一直是通的，不需要拨电话号码，但电话也不会响。就这样，电话最初被办公室和政府机构里的工作人员率先使用。要想跟某个人通话，就大喊一声，在办公室里甚至不需要喊出明确的一个词或一句话，只是让对方知道"赶紧看电话！快去它旁边！有人要跟你说话！"就行了。

单词"哈喽"就这样被保留了下来，并且如今在许多国家被广泛使用，但要注意喽，并不是所有的国家的人在接电话时都会这么说。德国人拿起电话时会直接报上他的姓氏，根本不会说"哈喽"或"请讲"。姓布劳恩的男士或女士会对着听筒直接说"布劳恩"，施密特先生也是直接说"施密特"。通过这样的方式，打电话的人可以迅速知道，他到底是在跟哪个人通电话。法国人常常边举起电话，边说一句"oui"，就是"是"的意思。意

喂！

你好！

184

说。

施密特。

大利人通常会直接表示出他们已经准备好通话了，所以他们会说"pronto"，也就是"准备好了"的意思。使用这个词的缘故，还要追溯到由电话接线员连通线路的时期。现在这个词已经被"dimmi"取代了，它的意思是"跟我说说"，也可以表示很直白的打招呼"说吧"——这个词，年轻人特别爱用。相似的情况也发生在西班牙，人们接听电话时打招呼的话是"diga"，就是"说"的意思。

最有趣的电话打招呼用语，应该就是日本人在和家人或好友打电话时说的"moshi moshi"，读起来就是"莫西莫西"。这源于一个有趣的说法，就是日本人认为"灵魂和狐狸都不能说话"。这句话和一个名叫 kitsune 的狐妖有关，这个妖怪拥有变换样貌、转换语调并操控人类感情的能力。所以日本人选择说"莫西莫西"，就是为了确保电话线的另一端不是狐妖在捉弄他们。

准备好了。

请讲。

创造性的电报

其实火就是最早的电报形式,准确点说是绵延成条带状的火光。当卫兵注意到第一簇火在指定地点熊熊燃烧时,就会在剩下的地方也点燃起火来。依次传递,下一个卫兵就会接着点燃早就准备好的树枝。中国长城上的示警狼烟就是这个原理。

人们通过这种方式,也就是火带,成功在公元前1184年将特洛伊城被攻占的消息送到了迈锡尼城。罗马皇帝克劳狄乌斯也借助这一方式将征服不列颠的消息传达给了罗马民众。

这个方法是很巧妙的,不过缺点是它一次只能传达一个消息,而且传话人和被传话人需要提前沟通好,比如约定:火代表的是我们获得胜利。

带水的火

为了显示更复杂的信息,在公元前4世纪时,希腊人就开始将火与其他事物——一个他们称之为"水钟"的东西结合在一起。传递信息的人和接收的一方必须拥有相同的装满水的容器。在容器底部,直径相等的泄水口需要被关上,容器内部有一根杆子,像一把大格尺一样把水流分成几段,每一段都用不同的字母标识。两个人面前都要有同一张表格,上面写的每一个字母都是一条独立的信息,在这些信息中,最常在战争期间使用的字母有:A——已抵达指定地点,B——攻击,C——发现敌军。

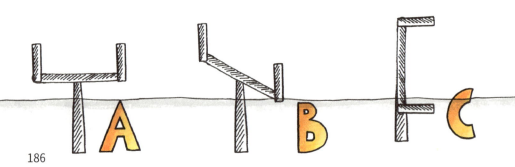

发信人举起燃烧的火把，这是为了给出一个信号，表示他有消息需要传递。收信人呢，也举起火把，表示他已经准备好接收消息了。然后，他们把火把扔到一边，双方开始同时把水从容器里放出来。当水平面到了想要的字母处时，发信人就把火把重新举起来，意思是停止放水。之后收信人要检查一下，看这个字母在表格里对应什么含义，然后报告给统治者，或者继续举起火把，示意等在水箱前面举着火把的下一位收信人，往下传递信息。

活动摇臂

1791年，法国发明家克劳德·查普向世界展现了一套名为"光信号摇臂电报"的设备，也称"查普电报"。在高高的桅杆上，固定了3个摇臂，它们可以用各种方式移动和组装，每一种设置都代表一个字母。在高塔或者山丘上，还会建造其他桅杆，这一个个桅杆组成的长串，就像以前的火带一样，可以用来发送信息。使用这个方法发送的第一条信息是从巴黎传向里尔（两个城市相隔超过200千米）的，只用了不到1个小时就完成了任务。这样的信息网被迅速建立了起来，拿破仑·波拿巴就曾在自己领军作战时使用它。

19世纪中期，这种电报系统已经被许多欧洲国家应用，其中就包括波兰。1839年，第一条信息从华沙发送到了俄国的圣彼得堡。在这条线路上，一共建造了约150个这样的"信号发射器"。华沙的这一设备就被安装在皇家城堡入口大门正上方的塔楼上。

莫尔斯电码字母

19 世纪末，曾经十分受欢迎的光电报网逐渐退出历史舞台，而这都是因为一个人——塞缪尔·莫尔斯，他发明了真正意义上的电报。这种电报使用起来非常方便，因为电报信号使用的是"."和"-"，今天这一系统被称为"莫尔斯电码"。

在莫尔斯电码问世前，许多发明家都在绞尽脑汁研究电报，但他们想做的电报过于复杂，并错误地选择用字母来发送电报。但只有通过电子脉冲敲打出点和线才带来了真正的变革，在接下来的100多年里，莫尔斯电码被各大洲广泛使用。

莫尔斯电码中不同的点和线，也就是短信号和长信号，它们的排列组合表示着不同的字母和数字。为了避免错误，有几条铁律被设置：每个线

点
——举起双手到头顶

线
——举起双手两侧
在一条直线上

隔开每个字母
——双臂在胸前交叉

要有3个点那么长，相邻的点和线的距离要达到1个点的长度，在表示出来的每个字母之间的间隔要达到3个点的长度，一个完整的单词和数字之间间隔应为7个点的长度。

不过莫尔斯电码的信号并不是只能通过电报传输的，它的使用范围非常广泛，长短不一的灯光或声音，甚至手的移动都可以传递莫尔斯电码。这也是为什么它被广泛用于生活中的各个领域，海员、飞行员、救生员还有侦察员都会用到它。

水手旗

水手们还会使用信号字母表，通过手中两种颜色差异很大的旗子组成不同标识来表示信息。拿旗子的手在不同位置，有不同的移动轨迹，都代表不一样的字母和数字。

今天，水手们更多是靠无线电、手机和网络来交流。不过在军舰上，信号字母表仍在使用，因为担心交流信息会被窃听。在海上补充燃料储备时，也少不了要用它。

分隔字符
（比如说分开单词和数字）
——双手向下摆出十字

错误或请求重复信息
——双手斜举旋转画圈

救命！

SOS

　　莫尔斯电码发出的最广为人知的信号就是 SOS，即 "呼救" 的意思。这一含义是在 1908 年被正式认定的。对于这个词的意思，曾经也流传着各式各样的说法，比如有人说这是英语 "save our souls/skins" 的简写，意思是 "拯救我们的灵魂 / 肌肤"；也有人说是 "save our ship" 的缩写，即 "救救我们的船" 的意思；还有人说是 "send out succour" 的简写，即 "速来援助" 的意思，但这些说法都不准确。选择它而不是其他字母组合的唯一理由，只是它更容易被发送，不论是用电报，还是用灯光。同时，接收到信号的人也很难将它跟其他的信号混淆。字母 S 就是 3 个短信号，即 3 个点，字母 O 是 3 个长信号，所以发出 3 个点、3 条线、3 个点，代表的意思就是求救。海上发生沉船事故时，使用这一信号十分有效——他们不仅用电报发送 SOS 信号，还会利用警报器来传递信号。

Mayday

　　将 "Mayday" 这个词重复三遍就能表示与 SOS 相同的含义，它常在需要用电话或无线电呼救时被使用，如在飞机上或宇宙飞船上。它是在 1923 年时由伦敦机场工作人员腓特烈·斯坦利·默克福德想出来的。当时默克福德被要求想出一个词，既要方便发音还要容易理解，同时还能被飞行员和机场工作人员准确无误地记住。这一时期，大部分从伦敦机场起飞的飞机都是飞往法国的，默克福德就提出使用单词"Mayday"，这对英国人来讲很简洁，而且也很像法语中的单词"m'aider"（意思是"救命"）。

传统的求救方式

当你发现自己身处一座无人小岛或迷失在荒野之中时，最好还是使用传统的方式求救，比如大叫、点火堆或利用手边的一切东西。2016年，巴布亚新几内亚附近一座小岛上的幸存者最终获得营救，就是因为他们在海滩上用叶子拼了一个大大的词"help"（"求救"的意思），而这个信号正好被在上空路过的飞机捕捉到了。比如，因出了故障而无法运转的船员们，也会使用国际通用的信号，那就是将手电筒或一块布，最好是白色或红色的布，拿在手里，然后绕着头顶画圈。大跳或者晃手臂的话就不太合适了，虽然你能被别人注意到，但你的肢体动作很有可能会被认为是在快乐洋溢地打招呼。从你身边开过的船只或者车辆，以及上面的乘客们，会带着笑容对你挥手致意，但他们是不会中途停下来的。

无线电

起初，无线电被称为"没有电线的电报"，它可以将用莫尔斯电码写出的信息，传送到不能设置电线的地方，比如说远离海岸的船上。事实上，无线电技术诞生的时间非常晚。

普遍公认的是，无线电技术是由意大利人伽利尔摩·马可尼发明出来的。他是商人的儿子，但并没有去最好的学校读书，而是在家跟着私人教师学习。

年轻的马可尼从海因里希·赫兹的实验中认识了电磁波，它是不可见的，并能以光速在空气中传播。马可尼灵感一现，想到了可以利用电磁波来远距离传送短消息。就这样，一年后，他真的成功发送出了第一条消息——到另一个房间。那时是1895年。

虽然马可尼接受的教育程度不高，也没有在教授的手下工作过，没有学过他们的方法，但是他尝试出了自己的方法，把其他发明家的成果成功

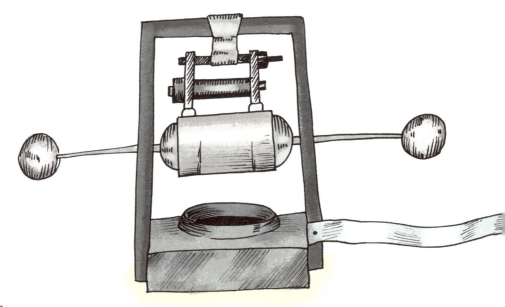

结合了起来：莫尔斯的电码、贝尔的电话和爱迪生发明的留声机（就是一种录音和放音装置），从而发明了无线电报。

要想不用电线就传送消息，还需要一台能够发射强电磁波的设备。天才发明家尼古拉·特斯拉就设计出了这样一台机器——特斯拉线圈。马可尼将它应用在了自己的无线电技术中，并在1900年时申请了"调谐式无线电报"的专利。

起初，无线电是无法播放出声音的，因为它既不做广播，也不放音乐，它只能通过莫尔斯电码远距离发送消息，主要用在军队中。直到1909年"共和国号"船出事，普通民众才体验到无线电技术的巨大用处。救助部门在接到无线电信息后，迅速反应并成功营救了几乎全体乘客。在这一事件的几个月之后，马可尼荣获了诺贝尔物理学奖。

1906年时，声音终于可以通过无线电进行传播。当时在美国进行了第一次广播，广播内容包括诗歌、歌曲、小提琴演奏曲和一段简短的演讲。

电视

早在 19 世纪时，就有大量来自不同国家的人研究可以远距离传输、显示重要信息的动态图像。

其中就包括波兰工程师尤里安·奥霍罗维奇，他在1878年时在杂志《宇宙》上写道："在电话和电报后，我们必须发明电子摄像机或电传照相机，这种电报式的设备可以让人隔着很远的距离仍能看到图像。"

不过，奥霍罗维奇的工作只停留在了理论上，他并没有自己动手组装一台能够发送图像的设备。这个工作被号称"波兰爱迪生"的扬·什切潘尼克完成了。1897年，他在英国和美国的专利局成功申请了电传照相机的专利，他是这样形容这一机器的："可以通过电流远程再现图像的照相机。"3年后，在巴黎世博会上，他展示了这一机器更完善的版本，并取名"电相机"。

直到1926年，在英国，发明家约翰·洛吉·贝尔德在一众记者和受邀嘉宾的面前，才第一次展示出已经成功发送了的动态黑白影像。这虽然被称为动态影像，但看上去就像是在放幻灯片一样，速度很慢。不过所有人仍对这一成就赞赏有加，这也被视为电视机时代的开端。

两年后，贝尔德成功地把图像传到大西洋的另一边，包括美国，并且他还设计出了彩色电视机。

1936年举行的柏林奥运会让电视机轰动一时，体育赛事第一次实现了转播，如果没有这件事，谁也无法想象当时的电视机之后会发展成什么样。

　　第一个电视广告是手表广告，短短的10秒里，屏幕上展示了手表的表盘样式。

　　1937年，波兰开始有试验性电视机出现，不过只有少部分人才有机会看电视，当时全波兰只有20台电视机！第一次真正意义上定期（还不是每天！）播放电视节目是在1952年，也正是在那一年，诞生了第一个波兰电视节目。不过电视机的数量仍然不多，所以人们都会去那些拥有电视机的幸运儿的家里或公司，一起看电视节目。所有的邻居都想看新闻，或者是女演员伊莲娜·科维亚托夫斯卡的表演，电视机主人根本拒绝不了他们。不过好在，早期的电视节目每天只会播出20至30分钟。